La démocratie des biens communs

Nouvelles frontières du droit public

Logiques Juridiques

Fondée par Gérard Marcou

Dirigée par Jean-Claude Némery et Thomas Perroud

Le droit n'est pas seulement un savoir, il est d'abord un ensemble de rapports et pratiques que l'on rencontre dans presque toutes les formes de sociétés. C'est pourquoi il a toujours donné lieu à la fois à une littérature de juristes professionnels, produisant le savoir juridique, et à une littérature sur le droit, produite par des philosophes, des sociologues ou des économistes notamment.

Parce que le domaine du droit s'étend sans cesse et rend de plus en plus souvent nécessaire le recours au savoir juridique spécialisé, même dans des matières où il n'avait jadis qu'une importance secondaire, les ouvrages juridiques à caractère professionnel ou pédagogique dominent l'édition, et ils tendent à réduire la recherche en droit à sa seule dimension positive. À l'inverse de cette tendance, la collection « Logiques juridiques » des éditions L'Harmattan est ouverte à toutes les approches du droit. Tout en publiant aussi des ouvrages à vocation professionnelle ou pédagogique, elle se fixe avant tout pour but de contribuer à la publication et à la diffusion des recherches en droit, ainsi qu'au dialogue scientifique sur le droit. Comme son nom l'indique, elle se veut plurielle.

Dernières parutions

Nadine NAJEM, *Théorie des intérêts moratoires*, 2024.
Caroline PELOSO, *L'autorité de la chose jugée au pénal à l'égard des décisions européennes, Essai de droit comparé franco-italien*, 2023.
Bamba Nonféni Michel ZARATIONON, *Les mesures provisoires de la CourADHD. Le contentieux du provisoire devant la Cour Africaine des droits de l'Homme et des Peuples*, 2023.
Jean LEFEBVRE, *Le droit du financement participatif (crowdfunding). Deuxième édition*, 2023.
Lucie CLUZEL-MÉTAYER et Arnaud SÉE (dir.), *Eléments de droit public du numérique*, 2023.

Alberto Lucarelli

La démocratie des biens communs

Nouvelles frontières du droit public

Préface de Thomas Perroud

L'Harmattan

5-7, rue de l'École-Polytechnique, 75005 Paris
http://www.editions-harmattan.fr
ISBN : 978-2-336-43965-5
EAN : 9782336439655

Alberto Lucarelli

La démocratie des biens communs

Nouvelles frontières du droit public

Préface de Thomas Perroud

L'Harmattan

5-7, rue de l'École-Polytechnique, 75005 Paris
http://www.editions-harmattan.fr
ISBN : 978-2-336-43965-5
EAN : 9782336439655

À la génération future Francesco, Pietro et Kolia

Préface

L'ouvrage d'Alberto Lucarelli, La démocratie des biens communs, est un ouvrage de résistance et de refondation.

C'est un ouvrage de résistance — Alberto Lucarelli se décrit d'ailleurs volontiers en partisan[1] de la Constitution — en ce qu'il s'agit de dresser le constat de l'échec d'une vision de l'État et du droit public basé sur le couple souveraineté/propriété, de l'échec des politiques de privatisation dont on voit aujourd'hui qu'elles font glisser progressivement l'ensemble des démocraties occidentales dans le camp de l'autoritarisme. Le droit public et l'espace public qui se mettent en place à partir des années quatre-vingt dans le monde occidental ont « pour seule matrice unitaire », nous dit Alberto Lucarelli, « la défense des positions dominantes ». En ce sens, ce droit public a répudié les avancées qu'avait représentées la consécration de la dimension sociale de l'État de droit, conquise par la doctrine autour du moment 1900 et ensuite après la Deuxième Guerre mondiale.

Ce nouveau modèle de droit public s'est diffusé dans l'ensemble des champs de l'action publique : dans le droit de la fonction publique, où l'utilisation du contrat est devenue

[1] Le terme partisan renvoie en italien à la résistance pendant la Deuxième Guerre mondiale.

centrale, mais surtout dans l'ensemble de l'administration publique, inféodée plus que jamais au politique. Le désarmement de l'administration publique a eu des effets dévastateurs : « la gouvernance publique de l'administration a été considérablement réduite et celle-ci, au lieu de poursuivre des intérêts publics, est devenue la servante du pouvoir politique, des partis, des intérêts des forts, en renonçant à sa fonction constitutionnelle de champion de l'intérêt public ». À l'heure où j'écris ces lignes, les syndicats de police en France ont déclaré la guerre aux jeunes de banlieue (D. Fassin, La police contre la République ? AOC, 10 juillet 2023). Or, Alberto Lucarelli décrit bien l'origine du mal, les réformes de l'État depuis ces années se sont accompagnées de « syndicats toujours plus proches du pouvoir politique, toujours plus expressions de l'action politique et toujours moins représentants des intérêts de la fonction publique. » Comment mieux résumer la situation française ? Le constat d'Alberto Lucarelli est le même que celui dressé par Jon Michaels aux États-Unis : le nouveau droit public a aboli les séparations que l'État libéral avait construites et qui avaient pour effet de modérer le pouvoir de l'État. En ce sens, nous ne sommes plus dans une période libérale (Jon Michaels, Constitutional Coup, Privatization's Threat to the American Republic, Harvard University Press, 2017). Alberto Lucarelli dit ainsi qu'il « n'y a plus cette séparation physiologique entre le politique et l'administration qui avait caractérisé, bien que par intermittence, l'évolution de l'État libéral, tout comme on a perdu la capacité active de l'administration publique, typique de l'État-providence, d'affirmer et de garantir concrètement la protection effective des droits. »

De même, dit l'auteur, la nouvelle fonction de l'État, dite de régulation, a servi à renforcer les oligarchies privées, au détriment de l'intérêt général et des consommateurs. Il montre bien le paradoxe entre d'une part l'émergence des autorités de régulation, indépendantes, et, d'autre part, l'affaiblissement de l'indépendance des agents publics dans l'ensemble des pans de l'action publique.

Tous ces constats sont connus, mais Alberto Lucarelli donne à tous ces changements une véritable portée constitutionnelle. La force théorique de sa pensée fait de ce livre un indispensable pour comprendre les évolutions du droit public depuis les années quatre-vingt.

Mais la portée la plus importante de ce livre réside dans sa volonté refondatrice. Alberto Lucarelli ne se contente pas d'offrir une systématisation critique des évolutions du droit public depuis quarante ans ; il en propose aussi une refondation, sous la bannière du commun. Son appel à l'imagination est ainsi particulièrement frappant et part d'une critique de la démocratie représentative : « Il faut s'efforcer d'imaginer, et donc de contribuer à construire, un droit public qui exerce sa fonction en présence d'instances qui visent à mettre fin à l'application hypocrite du principe de la souveraineté populaire, pivot de la démocratie de représentation qui, même sous la forme d'un droit public social, avait bien caché des inégalités substantielles. »

Les biens communs constituent ce ferment de l'imagination. Le bien commun est défini par Alberto Lucarelli comme l'institution juridique du rapport d'une collectivité de personnes à un bien qui fait prévaloir la fonction sociale de la propriété. C'est la « primauté de la fonction sociale sur le titre » qui caractérise cette institution juridique. Et cette fonction sociale doit primer que le propriétaire soit public ou privé. Il le dit clairement : « Il est nécessaire d'avoir une conscience claire qu'il faut construire un droit public effectif (*rectius*, effectivement démocratique), capable d'endiguer les abus du sujet public (ce qu'on appelle l'abus de droit) et ses tendances affairistes sur les biens appartenant à la collectivité ou au public». Le but de cette translation du public au commun est de «soustraire au sujet public le domaine autoritaire et discrétionnaire sur ces espaces (biens, services) afin de garantir les droits fondamentaux des citoyens d'une manière plus démocratique, égalitaire et inclusive.»

Ce nouveau droit public passe par le recours à la démocratie participative dans la gestion des biens. Il faut, dit-il, «Imaginer un droit public participatif». L'injonction formulée par Alberto Lucarelli nous semble une idée d'avenir pour la gestion future des services publics et des biens publics. Le constat, l'analyse et les propositions nous semblent tout à fait pertinents pour la France dont le droit public des biens a été construit de part en part autour de l'idée de propriété. Que les services soient privatisés ou qu'ils appartiennent à une personne publique, les citoyens sont exclus de la gestion des biens. Remettre le citoyen, l'usager, le public au cœur du droit public, tel est l'appel que formule Alberto Lucarelli dans cet ouvrage. Il s'agit, en d'autres termes, d'approfondir la démocratie pour la faire pénétrer dans l'ensemble des actes de l'action publique.

À mon sens, ce n'est qu'à cette aune que le droit public pourra prétendre à être, réellement, public!

Thomas Perroud

Introduction

Au lecteur, une précision immédiate : l'analyse historico-diachronique de la genèse et de l'évolution du droit public ne fait pas partie du plan et de l'économie du texte, pas plus qu'une reconstruction ponctuelle de l'analyse des idées qui ont marqué et tracé les grandes lignes du droit public entre le XIXe et le XXe siècle. Cependant, afin de comprendre la crise actuelle, ou du moins les transformations du droit public, dans sa fonction d'organisation des relations entre l'État et le citoyen, il semble aujourd'hui nécessaire d'identifier les points et les passages que l'on estime les plus significatifs. L'analyse des modifications structurelles et fonctionnelles du droit public et sa relation avec les dynamiques économiques et sociales ainsi qu'avec les flux et les énergies des groupes, des mouvements, des associations et des réseaux conduiront l'enquête en cours à une interrelation constante avec la naissance, l'évolution et l'involution de l'État social, en tant que forme avancée et démocratique de l'État de droit (S. Romano, 1969, éd. orig. 1910). Cependant, l'objectif du travail est loin d'être une reconstruction et/ou une analyse de l'État social ou de tracer les voies du droit public dans l'État moderne ou postmoderne. Le travail n'a pas un objectif aussi ambitieux et exigeant.

Il est évident, en tout cas, que la dimension sociale du droit public, notamment celle qui prend forme à partir de Weimar, constitue et constituera l'une des bases essentielles de l'État social (C. Schmitt, 1984) et donc de notre enquête.

La lecture des processus évolutifs visera à rechercher l'esprit le plus « profond » du droit public, sa fonction, son mouvement constant, tel un *pendule*, entre autorité, liberté, égalité et participation, à travers sa tâche principale, à savoir l'interprétation des dynamiques sociales et la promotion d'un « ordre » fondé sur la justice sociale et la démocratie substantielle (N. Bobbio, 1995).

L'objectif sera d'observer et d'analyser la dimension de l'effectivité du droit public, comprise non seulement comme un ensemble de principes et de règles, tous deux de nature prescriptive, mais aussi comme un contenant et une expression d'événements et de décisions métajuridiques, ainsi que de phénomènes socio-économiques capables d'affecter directement les droits des citoyens, exprimant la force et l'arrogance des classes dominantes. Un droit public capable également de faire face aux décisions émanant d'organismes non investis de la légitimité populaire – expression du pouvoir et des forces économiques et financières – en mesure de créer du droit, dont la force juridique *subversive* ne découle pas de la force juridique de règles antérieures.

Comme on le sait, la décision peut découler des besoins exprimés par les classes dominantes, du « désordre concret », tout en représentant une dimension de l'effectivité du droit public à laquelle il faut faire face (C. Schmitt, 1996). Cela ne signifie pas attribuer une dimension politique au principe d'effectivité (U. Scarpelli, 1997), mais plutôt imaginer qu'il existe des modèles différenciés d'effectivité et donc des modèles différenciés de droit qu'il faut comprendre pour pouvoir les affronter avec rationalité (A. Catania, 2005).

L'enquête se développe à travers les contributions théoriques les plus significatives des XIXe et XXe siècles, ainsi qu'à travers l'analyse des idées et de l'évolution des processus normatifs – pensons à la période extraordinaire des Constitutions européennes après la Première Guerre mondiale – en essayant de mettre en évidence les différentes dimensions du droit public : politique, administrative, sociale.

Il s'agira de définir quels peuvent être les instruments et les catégories juridiques pour *sortir* de la crise de la dimension sociale du droit, et de son impuissance, telle qu'elle est déclinée, et atteindre les objectifs de la démocratie substantielle. En particulier, on s'attardera sur une réinterprétation de la relation public-privé et des diverses instances (dimensions) participatives, par le biais d'une réorientation (ou déconstruction) démocratique de la relation autorité (souveraineté)-biens-droits.

L'émergence spontanée et désordonnée de nouvelles catégories, telles que les *biens communs* et la démocratie participative, nous oblige à *sortir* des contraintes de l'idéologie souveraineté-propriété et surtout exige une lecture différente des relations entre les sujets et les biens, ainsi qu'entre les biens et les droits. Pour le dire de manière plus directe, ces catégories déplacent l'axe de la démocratie substantielle du rapport *dominus*-bien au rapport bien (matériel et immatériel)-plages d'utilité.

La forme tridimensionnelle du droit public, fonctionnelle, bien que complexe, pour la réalisation de l'État social, est soumise à des transformations par la détermination de nouveaux principes, règles, décisions, besoins et pratiques sociales, surtout sous l'influence de contraintes financières. D'où la nécessité d'une nouvelle forme de droit public pour atteindre *effectivement* les objectifs de la démocratie substantielle, sans être obligé de parler, de manière ambitieuse, de nouveaux modèles démocratiques.

Dans cet état permanent de *mutabilité*, il a néanmoins été envisagé d'identifier un point de référence, un univers avec un centre et non une galaxie exprimant l'infini. Il a été envisagé d'évaluer les changements en cours par rapport aux principes constitutionnels, en ne les considérant pas comme des fétiches immuables, mais comme des points de référence et d'arrivée (jamais définitifs) du processus démocratique de l'État de droit et social. Cela, même en considérant que bon nombre des principes constitutionnels, tout en représentant la *positivisation* de différents contenus moraux, affirmés par le droit naturel, ont en réalité *cédé* la place à des décisions, des règles et des comportements contingents au contenu régressif et antidémocratique. L'enquête vise à mettre en évidence le passage d'un droit public vertical, organiciste, pan-privatiste, fondé sur la représentation, visant à traiter et à résoudre toutes les questions au sein de la relation État-individu, dans une dimension uniquement politico-constitutionnelle (puis gestionnaire-administrative), à un droit public qui s'articule dans la communauté et qui cherche, tout en respectant le droit privé qui régit les corps sociaux (W. Cesarini Sforza, 1963), sa raison la plus profonde précisément dans les dynamiques sociales, dans les finalités de caractère général, en tant qu'éléments informateurs permanents des politiques publiques.

La clé de lecture des trois dimensions, de leurs succès, de leurs échecs et de leurs pathologies est évidemment conduite selon la méthode juridique, avec toutes les limites qu'une telle analyse comporte.

Dans le premier chapitre, l'objectif est de dégager et de cerner les trois dimensions du droit public (politique, administrative et sociale) et de mettre en évidence leur degré d'interrelation avec l'évolution de la forme de l'État et avec l'attitude différente et changeante des relations entre l'État-appareil et l'État-communauté.

Le conflit social et la *lutte* pour les droits, l'égalité substantielle et le principe d'effectivité sont les catégories juridiques qui ont le plus contribué à l'émergence de la dimension *tridimensionnelle* du droit public, transformant l'administration publique, avant son *désarmement* actuel, de simple exécutrice de la volonté législative en sujet actif dans les processus sociaux de transformation et de prestation de services. Ces catégories ont contribué à l'affirmation d'un droit public *tridimensionnel* fondé sur les droits civils et politiques, les droits de participation, les droits sociaux, sur la notion exclusive et *close* de citoyenneté et surtout sur les principes de la représentation et de la souveraineté populaire. La tridimensionnalité entre en crise lorsque, en plus de la composante sociale, la composante *commune* fait irruption (M. Hardt, A. Negri, 2010), esquissant ainsi un nouveau lien entre les *biens communs* et la participation ; en particulier, lorsque les pratiques sociales développent progressivement un mécontentement envers la démocratie de la délégation, de la représentation et des partis, au moment où commence le processus de démystification et de déstructuration de la notion de souveraineté populaire.

Dans les deuxième et troisième chapitres, on tentera de démontrer la transformation (voire la crise) du droit public social, et comment la tridimensionnalité du droit public (politique, administrative et sociale), en harmonie avec la constitution, n'a pas réussi à empêcher l'introduction d'un carcan de règles qui en ont coupé les racines, en reproposant parfois une vision autoritaire de la dimension politico-constitutionnelle, axée sur la sécurité et la protection de la propriété, d'une part, et sur la liberté d'entreprise anarchique, d'autre part.

Un droit public social qui n'a pas réussi à empêcher certaines politiques publiques, centrées sur la valeur absolue de la sécurité et des marchés, de transformer l'État de droit en État de police et en un modèle tendanciellement libertaire.

Dans le quatrième chapitre, en réaction à un droit public social de plus en plus éloigné de la société et de la citoyenneté active et de plus en plus absorbé par l'État, en tant que contamination permanente public-privé, on soulignera l'émergence de nouvelles catégories telles que les *biens communs* et la démocratie participative. Ces catégories *fondent* une quatrième dimension du droit public, dans laquelle les relations entre le public et le privé, les modèles de gestion des biens et services publics, et les processus décisionnels sont révolutionnés. En opposition à la République de la propriété, la démocratie du *commun* émerge, au-delà de la délégation et du binôme souveraineté-propriété.

Le cinquième chapitre concerne les modèles *primordiaux* du droit public européen naissant qui, à travers les pressions croissantes d'érosion de la souveraineté étatique, exercent une incidence forte et parfois indue sur le droit public interne. Le droit européen, à travers des procédures normalement aseptisées, étrangères aux dimensions classiques de la démocratie (représentative, directe, participative, de proximité), aux conflits sociaux, aux antagonismes et aux instances participatives, modèle en réalité de manière descendante les politiques publiques internes.

En effet, le taux de participation politique et sociale au sein de l'Union européenne est réduit ou presque inexistant : un droit public européen qui a subi l'intrusion d'organismes internationaux non représentatifs, tels que le Fonds monétaire international et l'Organisation mondiale du commerce, ainsi que de groupes d'intérêts gravitant autour des multinationales. Une forme que l'on pourrait qualifier de *droit public européen de l'économie*, caractérisée par un néo-contractualisme ou un *liberal contractualism*, détaché des principes, qui se déploie dans un enchevêtrement de règles semi-publiques.

Une conception des règles qui tournerait *around the law* dans une réalité qui précède la loi et parfois l'ignore. Une conception qui contribue au désarmement des institutions publiques, ou plutôt de l'acte public, visant à contrecarrer la formation et l'émergence d'une forme différente du droit public européen de l'économie, plus proche des constitutionnalismes de l'État contemporain. Un modèle qui s'exprime à travers des actes de *soft law*, concrétisés par des *agreements* conclus au début de la politique, qui servent de référence pour d'autres initiatives de *soft law*. Un modèle donc léger, peu attaché aux principes et aux règles, qui repose sur des paramètres distincts du principe de représentation et de responsabilité politique, dans lequel le *corpus* technocratique et *lobbyiste* prend le dessus tout au long du processus décisionnel.

Il s'agit d'une forme de droit public qui – comme nous le verrons – a été largement intégrée dans le droit interne ces dernières années, voire utilisée de manière instrumentale, afin de déterminer et de mettre en œuvre des politiques publiques visant à démanteler les institutions publiques et leurs responsabilités dans la gouvernance et la gestion des services publics ; pour faciliter de faux processus de libéralisation, qui ont mal caché la volonté de créer des oligopoles et/ou des monopoles privés, ainsi que des processus de privatisation obscurs (pensons à la récente législation sur la privatisation des services publics locaux, abrogée lors du référendum des 12 et 13 juin 2011). Une utilisation hypocrite et instrumentale du droit européen, visant à dissimuler le processus de liquidation du patrimoine public (F. Merusi, 2002). À cette forme de droit public européen de l'économie, un autre modèle s'oppose, un modèle que l'on peut qualifier de *publiciste*, qui se déploie à travers un ensemble de principes au sein desquels sont définies les politiques publiques exprimant les règles. Ce modèle s'oppose aux modèles collaboratifs d'*agreement* et de *soft law* en proposant, dans le cadre de principes et de règles, un espace public européen *ordonné*. Le modèle publiciste s'oppose à ce modèle dans lequel les actes de *soft law* ne reposent pas, comme mentionné précédemment, sur le caractère contraignant ou sur la *justiciabilité*, mais sur la circonstance qu'ils créent une attente de conformité de la part des prestations des États membres.

Cependant, le modèle publiciste, afin d'accélérer et de valoriser le processus d'intégration européenne, sans sacrifier les droits sociaux au profit des libertés individuelles, doit être repensé. Ou, mieux encore, renforcé. Le simple fait de reconnaître – bien que faiblement – les droits sociaux dans la Charte européenne, ainsi que de faire référence aux traditions communes des Constitutions européennes, ne semble pas suffisant ; il faut fonder les politiques publiques sur de nouveaux principes capables de faire face et de réagir aux modèles de gestion de la chose publique *privatistes* et *néo-contractualistes*. Il est nécessaire de jeter les bases d'un Statut européen des *biens communs*, à partir d'initiatives participatives émanant de la citoyenneté active.

Parallèlement à la construction d'une nouvelle forme de droit public, allant au-delà de la sphère sociale, qui a bien servi de soutien à la construction de l'État social, mais qui semble aujourd'hui inadaptée au nouveau contexte, il faut repenser le modèle publiciste européen.

Il ne suffit pas de défendre les acquis de l'État social ; il faut imaginer une forme de droit public européen de l'économie, qui a un impact sur l'ordre juridique interne et qui place au centre de son action la gouvernance et la gestion des *biens communs* et des biens à haute valeur sociale, c'est-à-dire tous les biens étroitement liés à la protection des droits fondamentaux et à la prestation des services publics essentiels. Cette action, renforcée par la nécessaire et indispensable sève de la participation, devra tourner autour du principe de la cohésion économico-sociale et territoriale ; il faudra redonner de la dignité à ce principe, le sortir des *tracasseries* bureaucratiques qui le lient aux « attaques à la diligence » des fonds structurels, et le poser comme principe directeur des politiques publiques. Un principe qui, dans l'espace public européen, devra être l'équivalent du principe d'égalité substantielle, et qui ne pourra être obtenu qu'en repensant sérieusement la forme des partis et, plus largement, la participation politique des citoyens et des territoires.

I.

Les trois dimensions du droit public

1. Le droit public dans les processus évolutifs du libéralisme autoritaire : organisation du pouvoir et protection des libertés individuelles

Dans le cadre de la nature caractéristique du libéralisme qui marque la seconde moitié du XIXe siècle, la fonction du droit public, selon une logique hypocrite de démocratie formelle, visait essentiellement à réguler l'organisation de l'État et à protéger les libertés individuelles de la bourgeoisie, en particulier celles liées à la sécurité, aux libertés économiques, à l'exercice et à la protection du droit de propriété.

Il s'agit de l'application d'une construction du droit public autoritaire et élitiste, visant à défendre les libertés individuelles et à fournir une protection et une justification des formes de pillage et d'exploitation perpétrées par la bourgeoisie économique industrielle, commerciale et foncière.

Le droit public se posait comme un cadre de stabilisation et de sécurité intérieure et extérieure, un instrument que la Révolution française avait utilisé pour perturber les équilibres de la société civile et son harmonie intérieure (M. Fioravanti, 1979), en lui attribuant un rôle essentiellement politique au sein de l'État appareil pour faciliter les transactions entre les particuliers.

Cette vision pan-privatiste, centrée sur les échanges marchands entre les citoyens, tend progressivement à évoluer lorsque, pour des raisons politiques et socio-économiques, on se rend compte que la question du *public* n'est pas facilement surmontable, à travers l'autoritarisme politique, bureaucratique et administratif, et par le recours *liberticide* au droit pénal ; lorsqu'on se rend compte, en outre, qu'il n'y a même pas d'avantage économique à gérer de manière privée les biens et les services publics, car ils représentent des secteurs trop onéreux pour les particuliers, et on perçoit la nécessité de transférer aux entités publiques des responsabilités de gestion et financières.

Avec la *montée* de la puissance prussienne, mais surtout avec les transformations sociales dans le monde du travail, on a ressenti le besoin d'une première codification du droit public, dans laquelle l'État se pose néanmoins comme le porte-étendard de l'individualisme au service des plus forts (C.F. von Gerber, 1971). Ainsi, une théorie publiciste s'est consolidée, fonctionnelle et au service du droit privé, ou du moins visant à protéger les positions économiquement fortes. Dans la relation autorité-liberté, le droit public vise principalement à protéger la propriété privée, et l'approche du droit public envers l'État-communauté est une approche privatiste.

Il est évident que ce modèle s'inscrit dans la forme idéale de société libre, dans le prototype de la communauté juridique universelle de Kant. À cet égard, Bobbio note que « par société libre [on entend] une société dans laquelle est garantie à chacun (individu ou État) la liberté externe, c'est-à-dire la liberté de faire tout ce qui est compatible avec l'égalité de liberté de tous les autres, en somme une société dans laquelle il existe autant que possible de liberté négative, c'est-à-dire de liberté vis-à-vis de... » (N. Bobbio, 1978, p. 999).

Un droit public se configure donc, pour garantir les libertés individuelles à travers l'État, même par le biais de règles *illégales* et *violentes*. La dichotomie public-privé est apparemment neutralisée par la représentation d'une nouvelle dichotomie entre la notion politique et la notion juridique. En substance, l'intention est d'encadrer et de normaliser toutes les poussées *révolutionnaires* du droit public, ou du moins celles qui sont enclines à écouter les besoins des personnes non titulaires de libertés politiques et sociales, des personnes *étouffées* par le besoin et privées de tout droit de propriété, sauf celui hypocritement identifié dans la propriété publique. La construction juridique du droit public – en particulier avec Gerber – qui marque cette étape fondamentale, vise à marginaliser sa propension *révolutionnaire*, sensible aux perdants et à tous les sujets exclus et exploités par les processus économiques (M. Fioravanti, 1979).

La société intégrée dans l'État est la société dominante, elle n'exprime pas de conflits, mais seulement l'ambition de s'identifier à l'appareil d'État. Ces constructions *organicistes* et non conflictuelles du droit public, fondées sur l'histoire et la tradition des peuples et des nations, ne sont pas capables de comprendre la tension sociale qui monte péniblement ; elles ne sont pas en mesure et ne veulent pas voir la quantité d'exploités dans les processus industriels auxquels sont refusés même les droits les plus élémentaires, déjà présents, au moins formellement, dans les Constitutions libérales du XIXe siècle.

Le droit public, progressivement, dans les monarchies constitutionnelles typiques de l'État de droit, remplit une double fonction : l'une liée à l'État de police – visant à réprimer l'émergence de nouveaux et diversifiés besoins sociaux et la demande de reconnaissance des droits élémentaires – et l'autre visant à gouverner, gérer et valoriser les processus économiques libéraux – lorsqu'ils sont favorables à un groupe dominant – et à protéger le patrimoine, qui n'est plus seulement une annexe significative de richesse et de bien-être, mais représente quelque chose qui s'incruste dans l'individu, se confondant avec sa liberté.

L'État de droit, théorisé par Gerber, fondé sur la production normative de l'État, réalise dans la relation autorité-liberté un déséquilibre total, d'un point de vue fonctionnel, en faveur de l'autorité, en tant que gardien suprême de l'ordre juridique, garant des droits publics subjectifs, en premier lieu celui de propriété.

L'idée est celle d'un État de droit qui protège les positions fortes, qui révèle son vrai visage autoritaire, selon une dimension privatiste du droit public, dans laquelle la notion de personne est transplantée de l'individu à l'État (P. Grossi, 2009).

Les libertés économiques, qui se concrétisent dans les structures de propriété, boursières et foncières, à travers les diverses déclinaisons de *dominus*, deviennent la substance de la dimension policière du droit public. Un droit public qui, progressivement – pensons à Laband – se transforme en instrument d'expansion et de défense du pouvoir établi, se libérant également des constructions juridiques et formelles de Gerber. La pensée de Laband (P. Laband, 1907) vise à exalter la centralité du *Staatsgewalt*, de la puissance de l'État, qui continue de se fonder sur la théorie organiciste et la superposition de l'État et de la société, trouvant ses racines dans la notion de *Volk* proposée par Savigny. Un positivisme juridique visant à protéger et à préserver les positions des plus forts, incapable de comprendre les changements sociaux et surtout les nouveaux processus décisionnels influencés par l'émergence de nouveaux groupes sociaux.

Mais dans le cadre de la relation organiciste État-personne, la communauté, plus ou moins organisée, s'insère progressivement. Dans ce nouveau contexte, le droit public autoritaire, au service d'intérêts puissants et établis, prescriptif et non ouvert au dialogue expressif du conflit, ne sera absolument plus en mesure de décrypter les nouvelles instances et les nouveaux besoins (M. Fioravanti, 1979).

2. La lente et progressive transition du modèle de Constitution matérielle du XIXe siècle au modèle réaliste démocratique social : vers un nouveau droit public

La transition de l'État de droit autoritaire et du formalisme de la méthode juridique vers le modèle réaliste démocratique-social commence son parcours au XXe siècle, lorsque l'on comprend la nécessité de réguler les conflits sociaux et la nécessaire séparation État-société. Les sujets faibles ne se contentent plus de simples reconnaissances formelles de droits, mais commencent à exiger leur affirmation et leur garantie effective (E. Forsthoff, 1973). La méthode juridique et le formalisme juridique, tant dans la dimension privatiste que publiciste, commencent leur déclin.

Cette crise sera bien comprise par la suite par Georg Jellinek, qui comprend la nécessité d'aller bien au-delà des thèses organicistes et de la méthode juridique, compte tenu de la situation changeante de la fin du siècle. Il est très clair chez Jellinek que l'on a besoin d'un droit public qui dépasse la relation autorité-liberté, un droit public capable de fournir des réponses à la hauteur des besoins exprimés par le contexte historique particulier, un droit public qui ne se limite pas à garantir les positions dominantes, mais qui soit plutôt l'expression d'une pluralité de sujets publics contribuant à *briser* la relation État-individu, en attribuant des droits publics subjectifs aux citoyens individuels et aux communautés locales.

C'est précisément des communautés et de la société dans son ensemble que naît la doctrine sociale de l'État, le droit public social. La doctrine juridique de l'État est considérée comme dépendante des dynamiques historiques, sans tenir compte évidemment des différentes composantes sociales. La dimension juridique dans le processus évolutif du droit public reste forte, mais avec des présupposés différents ; il n'est pas clair si les objectifs sont vraiment différents de la méthode juridique de Gerber et Laband.

Pendant cette période, l'État de droit commence à entrer en crise avec l'émergence tendancielle de l'État social. À partir de ce moment, il est bien clair que le droit public dans l'État de droit se limitait aux procédures et à l'établissement des règles du jeu, alors que dans l'État social naissant, il commençait à avoir l'ambition claire de remplir des fonctions de justice, de règlement des conflits sociaux et d'analyse et de résolution de besoins réels et concrets.

Le droit public tend à se transformer d'un simple instrument de reconnaissance de droits *pour certains* et de déni *pour d'autres* en un instrument de garantie des droits, en particulier des sujets les plus faibles, se libérant de la légalité formelle et de l'éthique de l'individualisme. La dimension *primordiale* de l'État social voit donc un droit public tendant à assumer des finalités diverses non codifiées, mais exprimant des données *factuelles*, parfois fondées sur la législation spéciale.

La transformation du pouvoir, passant d'une organisation de nature politico-administrative – principalement axée sur une gestion publique plus efficace, fonctionnelle aux intérêts privés et aux processus économiques qui en découlent – à une organisation publique qui entend assumer des responsabilités dans la gestion directe d'activités économiques et de services publics et sociaux, tout en cherchant à produire des normes pour garantir un accès effectif aux droits, caractérise progressivement le processus de démocratisation du droit public. Il s'agit d'un processus visant à aller au-delà de la relation autorité-liberté classique et formelle, basée sur le rôle actif des institutions publiques, un modèle qui exprimera avec toute sa vigueur la tension public-privé et le conflit propriété-gestion. Ces dichotomies, comme nous le verrons, seront identifiées et abordées dans les nouvelles formes de droit public, qui entend assumer la tâche et la responsabilité de démontrer que les libertés civiles et politiques, si elles ne sont pas associées à l'égalité substantielle, ne sont qu'une mystification, de simples libertés formelles destinées à servir d'alibi à ceux qui, détenant le pouvoir économique, sont les seuls capables de l'utiliser pour consolider leur domination. Au droit public *transformé*, post-bourgeois, incombe donc la tâche de garantir des libertés effectives et de contribuer à la configuration des droits sociaux.

Dans la transition du libéralisme autoritaire non démocratique à un libéralisme aspirant à des formes plus démocratiques – une transition qui se produit évidemment davantage sur le plan politique qu'administratif – le droit public, tout en reconnaissant et en garantissant les libertés de participation, et donc les libertés positives, continue à jouer un rôle de défense des positions dominantes, toujours dans son expression codifiée.

Le processus de transformation commence lorsque l'on est confronté à des réalités différentes en conflit les unes avec les autres ; il s'agit donc de définir et de promouvoir la démocratie sociale, c'est-à-dire une démocratie qui ne peut pas ne pas tourner autour du conflit entre le capital et le travail. Un modèle, cependant, critiqué par le marxisme, car il reste néanmoins une expression de l'État de droit bourgeois, visant au renforcement du pouvoir de la classe bourgeoise (H. Kelsen, 1966). Une critique qui considère également comme autoritaire la dimension sociale de l'État, laquelle, dans un État véritablement démocratique, devrait être remplacée par la société socialiste. Comme le souligne Burdeau, la transition de la démocratie politique à la démocratie sociale, souvent invoquée dans l'État social, est encore inachevée (G. Burdeau, 1977).

Aller au-delà de l'État social signifie, à travers des catégories et des formes différentes, chercher à affirmer son existence réelle ; cela signifie, aux côtés de l'État, accorder une reconnaissance juste et effective aux droits de participation, ce qui est quelque chose de très différent de la simple participation des citoyens aux processus décisionnels ; au-delà de l'espace public et de ses pouvoirs, il faut créer un espace *commun* (M. Hardt, A. Negri, 2010), c'est-à-dire *déconstruire* la République de la propriété, en particulier face à l'émergence de la catégorie des biens communs.

C'est donc le chemin que l'on cherchera à suivre, en examinant son évolution et ses régressions, jusqu'à arriver au rôle actuel du droit public qui, en Italie, semble retrouver son visage autoritaire et réglementaire, principalement axé sous la garantie de la propriété privée et des libertés individuelles (*law and order*), la sécurité et la protection des rentes, provoquant ainsi une atteinte à l'ordre constitutionnel, en particulier en ce qui concerne la protection des droits des travailleurs.

3. Le droit public entre politique et administration dans le processus de transformation : l'apparente neutralité du droit public français

Il est évident qu'au cours du processus de transformation, le droit public était constamment en quête d'une synthèse entre la dimension politique et la dimension administrative, entre la définition des politiques publiques et la gestion des affaires courantes. Cela se traduisait par une tension continue entre l'étude et l'analyse de l'organisation, d'une part, et la protection des droits, d'autre part, avec des éléments d'autoritarisme dans les deux modèles.

Dans l'*Archivio di Diritto Pubblico* de 1896, Luigi Rossi soulignait comment la science française, contrairement à la science allemande, ignorait le type de *Staatsrecht*, c'est-à-dire le niveau constitutionnel du droit public, le niveau politique du droit public (L. Rossi, 1896). Cette différence était le résultat non seulement d'un choix technique et juridique, mais surtout politique : en France, contrairement à l'Empire prussien, l'objectif était l'indépendance de l'administration par rapport à la politique et sa subordination exclusive à la loi, en tant que respect du principe de légalité formelle.

Cette codification du droit public, clairement d'inspiration napoléonienne et influencée par des courants jusnaturalistes, libéraux et individualistes, perdurera jusqu'à l'émergence de l'école de Bordeaux et de son mentor Léon Duguit, qui introduisit la composante sociale, en tant qu'intermédiaire entre la politique et l'administration.

L'objectif du droit public français était d'atteindre un autre objectif encore plus important, à savoir la réalisation d'une bonne administration efficace, non détournée par des intérêts particuliers, en établissant une séparation nette entre le droit constitutionnel et le droit administratif, au sein de laquelle la politique ne pourrait pas influencer l'administration. En fait, comme le disait Rossi, il fallait éviter l'influence illicite et corruptrice de la politique, c'est-à-dire une influence qui n'est pas dirigée vers une action administrative équitable, mais plutôt subordonnée aux intérêts du parti et visant à des fins d'utilité privée ; une influence guidée par un dernier mobile, à savoir le désir de gagner des électeurs. Une vision évidemment froide et aseptisée du droit public, protégé par des anticorps, tant sur le plan social que politique.

Il fallait donc introduire des garanties spéciales pour protéger l'administration de la politique, et l'objectif, selon Rossi, était précisément de créer une administration forte, sûre, intelligente et compétente en France. Une administration apparemment à l'abri des intérêts politiques, mais en réalité au service des acteurs économiques et politiques issus de la bourgeoisie dominante, qui sélectionnait les intérêts publics à protéger. Une administration efficace et fonctionnelle pour les libertés économiques des propriétaires des moyens de production et des propriétaires fonciers, dans un État où, tendanciellement, le conflit commençait à s'affirmer comme paradigme d'un État pluriclasse. L'affirmation des intérêts individuels se configure progressivement à travers l'interdépendance, l'intégration sociale et la solidarité.

Les deux modèles de droit public de l'État libéral bourgeois, la séparation nette entre politique et administration (allemande) et la subordination – bien que formelle – de la politique à l'administration (française), avaient du mal à trouver une synthèse dans ce que, par la suite, nous pourrions définir l'équilibre exprimé par le droit public à fonction sociale. Il s'agit d'un droit public interventionniste, ancré dans le système libéral, qui comprend sa fonction vitale d'intermédiaire et d'amortisseur social dans une société en transition de l'État monoclasse à l'État pluriclasse, dans une société où le conflit s'impose comme paradigme de sélection et de réalisation des intérêts. Le droit public commence à jouer un rôle actif, bien que toujours gouverné et inspiré par la propriété, les détenteurs des moyens de production, les propriétaires fonciers ; une intervention publique visant à régir en tout cas un processus marchand et à gérer ses transformations. Entre un droit public champion de l'organisation du pouvoir, garant des libertés fondamentales, et un droit public visant à fournir des services publics efficaces et de qualité, émerge – en particulier avec Duguit – un droit public aux fonctions sociales, aux fonctions de justice, fondé sur la solidarité, en tant qu'outil pour comprendre et *anesthésier* le conflit.

Avec Duguit, on tend donc à aller au-delà de la fusion entre *imperium et dominium* (souveraineté-propriété), bien établie par la législation révolutionnaire, les lois administratives du Consulat et de l'Empire, et surtout par le code civil, largement inspiré du modèle romain. On cherche à aller au-delà de la vision dualiste du droit public : d'un côté le pouvoir politique, de l'autre le pouvoir de gestion administrative, c'est-à-dire la vision typique de l'État bourgeois monoclasse, enfermé dans le binôme autoritaire souveraineté-propriété.

L'administration commence à acquérir une dimension politico-sociale, qui ne signifie pas servir les partis politiques ou les pouvoirs forts, mais viser à mieux comprendre et interpréter les besoins sociaux. Une administration active, fonctionnelle à la réalisation des objectifs propres de l'État social.

Duguit souhaite que la société française se débarrasse définitivement de ces concepts métaphysiques d'*imperium* et de *dominium* et élabore, d'une part, un régime politique où la notion de pouvoir public soit complètement éliminée et, d'autre part, un régime économique et social où la notion de *dominium*, c'est-à-dire la propriété en tant que droit subjectif de l'individu, soit complètement éliminée. On regarde la société et ses besoins comme un moyen de dépasser le binôme souveraineté-propriété.

Duguit écrivait : « Je ne dis pas que la propriété individuelle disparaisse ; je dis seulement qu'elle cesse d'être un droit individuel pour devenir une fonction sociale. J'insisterai, d'ailleurs, exclusivement sur la transformation du régime politique » (L. Duguit, 1911). Deux formes, toutes deux autoritaires, synthèse d'*imperium* et de *dominium*, deux formes dérivées du droit romain et perfectionnées par la révolution, deux formes toutes deux expression d'un formalisme monarchique-bourgeois, au cours duquel la Déclaration des droits n'a empêché ni la tyrannie sanglante de la convention, ni le despotisme de Napoléon, ni le coup d'État de 1851, ni les lois de sécurité générale du Second Empire, ni les lois d'expropriation et de spoliation de la Troisième République.

Le droit public entame alors son processus de construction de l'État social, en concevant la propriété non plus seulement comme liberté absolue et individuelle, mais comme fonction sociale. Avec Duguit, « la disparition du système impérialiste, la notion du service public vient remplacer celle de souveraineté » (L. Duguit, 1913). La transformation du droit administratif mentionnée contribue certainement à cette transformation-évolution du droit public ; en effet, aux côtés de l'administration traditionnelle, qui imposait des limites aux citoyens, l'administration active de l'assistance sociale moderne, de la prise en charge des besoins essentiels des citoyens, est introduite (E. Forsthoff, 1973). Une administration séparée des partis politiques, mais pas de la politique, en tant qu'entité abstraite et idéale qui détermine l'orientation politique du pays.

Ainsi commence le processus de synthèse entre la dimension politique et la dimension administrative du droit public. Le binôme souveraineté-propriété est remplacé par le binôme intérêt public-propriété publique.

4. Du libéralisme autoritaire à la forme d'État démocratique-social : la fonction sociale du droit public à travers la synthèse entre politique et administration

Avec Duguit, il est évident que les deux modèles décrits ci-dessus, fondés sur la séparation politique-administration, étaient plus facilement réalisables dans un État *autoritaire*, non démocratique, dépourvu de dimension et de conflit social, dirigé par des élites, exempt de charges liées aux prestations sociales, plutôt que dans une société progressivement plus complexe.

Avec Duguit, la relation entre autorité-liberté, entre État-individu, commence à être *médiée* non seulement par les partis et les syndicats, mais surtout par la société, qui assume en permanence sa fonction d'intermédiation sociale, portant avec elle ses intérêts particuliers, lesquels, à travers le rôle de la politique et de l'administration, doivent être filtrés et orientés vers des objectifs à caractère général.

La « puissance publique » française (État administratif autoritaire) et la *Herrschaft* allemande (État constitutionnel autoritaire), toutes deux fondées sur le binôme souveraineté-propriété, sont dépassées par la nouvelle fonction du droit public. À cet égard, Cassese observe qu'il existe chez Duguit un objectif anti-autoritaire évident et fondamentalement pluraliste (S. Cassese, 2003). La relation organiciste État-individu est rompue, et l'État peut limiter les droits individuels, lorsque cette limitation vise à garantir la protection des droits de tous. On dépasse les catégories de la souveraineté de l'État et du droit naturel de l'individu, dans un système juridique de société complètement imprégné de positivisme, non seulement des règles mais aussi des principes ; on dépasse un droit public qui ne repose plus sur la notion de souveraineté, mais sur la notion de service public, c'est-à-dire sur une organisation interdépendante visant à satisfaire des intérêts généraux (L. Duguit, 1913).

Dans le processus de transformation du droit public, il est clair que les arrangements précédents, caractérisés par des contenus propres au libéralisme autoritaire, bien que différemment nuancés, sont bien loin de la dimension publiciste-démocratique, dont l'émergence est liée à un modèle qui doit de plus en plus s'occuper des conflits, des prestations sociales et de la satisfaction des droits fondamentaux.

La question sociale ne permettra plus au droit public de séparer le niveau politique du niveau administratif dans une perspective autoritaire et/ou technocratique, ni de privilégier les aspects structurels-formels au détriment des aspects fonctionnels (N. Bobbio, 2007). Contrairement à la théorie pure du droit, on comprend l'importance de la fonction plutôt que la perfection structurelle et abstraite de l'organisation.

Il faut donc imaginer une synthèse *publiciste* de la relation politique-administration, une synthèse qui commence à se dessiner dans la théorie des droits fondamentaux de l'État social. À cet égard, on peut penser, à titre d'exemple, à l'expérience weimarienne, à une organisation étatique dans laquelle l'administration publique, en plus de la *bonne gestion de la chose publique*, a la responsabilité politico-sociale de fournir des services d'ordre socio-économique qui ne peuvent faire

abstraction d'une orientation politique. Ce modèle, largement repris et développé par la Constitution italienne, a pour objectif principal de réguler les relations capital-travail, en sortant définitivement de la théorie organiciste et de l'État-individu.

Il est évident que dans ce cadre de forte synthèse politique-administration, le degré de professionnalisme, de responsabilité et d'indépendance de l'administration publique augmente, non pas en tant qu'appareil autoréférentiel, capable d'agir de manière alternative par rapport aux organes de représentation, mais en tant que structure fonctionnelle et au service de l'intérêt public. Plus les conflits sociaux et économiques-financiers sont gérés par une administration publique indépendante et de qualité, capable de les résoudre et de les régler, plus les litiges et les recours à la justice sont limités. Plus le niveau politique des choix à mettre en œuvre et à gérer est élevé, tant du point de vue qualitatif que quantitatif, plus le niveau d'indépendance, d'impartialité et de professionnalisme de l'administration publique doit augmenter, sans pour autant reproduire des modèles autoritaires autarciques. Ainsi, c'est précisément au droit public qu'il incombe de rétablir l'équilibre entre ces deux éléments, de les harmoniser et de les résoudre afin que les partis politiques et leurs oligarchies ne cherchent pas à avoir un effet dévastateur sur l'administration publique.

On comprend que la vision formaliste du droit public, axée uniquement sur le fonctionnement abstrait de l'organisation du pouvoir, n'est pas apte à apporter des réponses à un nombre croissant de personnes, pour lesquelles il manque les conditions sociales pour la réalisation des garanties de liberté juridique. L'État appareil (politique-administration) est au service des besoins sociaux des citoyens, qui ne sont plus considérés comme des sujets, mais comme des corps intermédiaires (subjectivités collectives), c'est-à-dire des sujets destinataires de services.

5. La crise du modèle public social-fonctionnel : la désintégration des principes

L'État social, donc, formellement prévu dans la Constitution, mais progressivement laissé à lui-même, non géré à travers un *rôle fonctionnel* du droit public, écrasé par des logiques « comptables », devient de plus en plus une formule *vide*, qui nécessite justement d'une *nouvelle* formule. Il faut une nouvelle saison revitalisée du positivisme des principes ; des principes qui doivent d'abord garantir les exclus, les faibles et les perdants, qui redonnent de la dignité aux travailleurs exclus des processus de production et, surtout, qui placent la gouvernance des *biens communs* et l'autodétermination de la participation parmi les priorités absolues de l'action gouvernementale. Mais cela nécessite l'émergence d'une nouvelle forme de gouvernement, ainsi que la déconstruction des notions de souveraineté et de propriété (publique et privée).

La transition de la démocratie formelle à la démocratie substantielle, c'est-à-dire de la simple reconnaissance du droit à la réalisation effective du droit (le soi-disant accès au droit), ne s'est jamais achevée et est toujours en cours. Au-delà des formes, cela nécessite un droit public *militant*, capable non seulement de reconnaître le droit à des prestations, mais aussi de le mettre en œuvre par une bonne administration et, si nécessaire, par le recours à la résistance, à la désobéissance, à l'insurrection.

Cela marque le passage d'un droit public, qui doit régler la simple titularité de la *res publica*, à un droit public qui, parmi ses tâches, doit gérer la *res publica* dans le but de promouvoir des intérêts généraux et de répondre aux nouveaux et dramatiques besoins sociaux, et surtout de reconnaître l'existence des *res communis omnium.*

Il est évident que : « ces considérations introduisent immédiatement la problématique de l'État social de droit. Les garanties des droits sociaux visent moins à créer des limitations qu'à fournir des prestations positives. Elles ne visent pas la liberté, mais la participation » (E. Forsthoff, 1973, p. 45). L'État assume progressivement la tâche d'organiser la coopération sociale afin d'atteindre le rendement social le plus élevé possible (R. Treves, 1957). Un droit public qui doit s'exprimer à travers des principes et des règles, capables de déterminer de *grandes politiques*, y compris sur le plan des comportements et de l'éthique, et des règles d'application spécifiques, sans être réduit à un simple décisionnisme juspositiviste.

Il est évident que l'entrelacement nécessaire entre principes et règles, sur le plan de l'effectivité, trouve sa synthèse dans le positivisme, bien qu'il soit aujourd'hui totalement illogique, voire hypocrite, de parler d'un droit public national. Le droit public est tel parce qu'il est illimité, tout comme le sont les besoins, les principes et les règles. Il est donc nécessaire de mettre en œuvre ces principes déjà déterminés, jamais complètement mis en œuvre, et de *lutter* pour l'affirmation de nouveaux principes, de plus en plus illimités.

Il est important de rappeler qu'au cours de la période entre les deux guerres mondiales, en particulier sous l'impulsion des processus théoriques à la base des Constitutions nées après la désintégration des empires d'Europe centrale, le droit public a commencé à prendre, du moins sur le plan de l'élaboration théorique, une configuration tridimensionnelle : politique-administrative-sociale. Tout cela est indissociable d'un pouvoir politique réellement participatif, qui doit jouer un rôle fondamental dans l'évolution des événements humains (M. La Torre, 2000).

On ressent alors le besoin et la perspective d'un pouvoir politique enrichi (ainsi que moins discrétionnaire) et contrôlé (S. Lieto, D. Mone, 2010) par une participation militante qui ne veut plus rien céder aux formes de négociation à la baisse, qui ont souvent conduit à la liquidation des droits fondamentaux pour la réalisation de *petits* intérêts particuliers.

6. Le profil tridimensionnel du droit public : politique-administratif-social

Au droit public est confiée la tâche d'adapter les objectifs économiques à la situation politique, se plaçant ainsi dans une position supérieure à l'économie, ou du moins ayant pour objectif de gouverner les processus économiques et financiers, y compris par la détermination de principes.

Dans ce sens, le droit public, en tant que synthèse de la politique, de l'administration et de la société, vise à affirmer son indépendance face aux menaces et à la domination du secteur privé, en régulant les conflits sociaux avec des logiques de péréquation. L'État, pour remplir cette fonction, aussi et surtout à travers les instruments du droit public, doit avoir la volonté et la capacité de s'émanciper politiquement de l'influence économique du secteur privé, en acquérant une base de pouvoir économique suffisante non seulement pour planifier et réguler, mais aussi pour gérer.

On perçoit la nécessité objective – reprenant l'enseignement hégélien – d'une supériorité de l'État sur la société, qui ne signifie pas la subordination de la société à l'État, mais au contraire, cela signifie vouloir, par des processus de péréquation, protéger les intérêts publics, au-delà d'une simple somme d'intérêts individuels (D. Mone, 2010).

L'avènement de l'État social attribue au droit public un rôle très spécial et distinct, à savoir la tentative de transformer l'action de l'État en un instrument de compensation, de gouvernance et de gestion des conflits sociaux, un instrument visant à garantir effectivement l'accès aux droits fondamentaux. Cela implique une construction progressive de l'État social-administratif, avec une croissance des appareils bureaucratiques et la prise en charge de nouveaux services et tâches par l'État (M. Fioravanti, 1984), en reconnaissant que là où il n'y a pas de sphère publique, il n'y a pas de développement, que les dépenses sociales ne doivent pas être considérées comme un passif coûteux dans les budgets publics, mais comme une forme d'investissement public certainement plus productive (L. Ferrajoli, 2005), que la meilleure politique économique, la plus efficace pour stimuler le développement, est une politique sociale visant à garantir les droits vitaux pour tous.

C'est un rôle des institutions publiques qui implique une séparation public-privé et administration-société, et qui ne doit pas être conçu comme autonomie par rapport aux conflits sociaux – comme cela avait été le cas de Gerber à Jellinek – mais plutôt comme une gouvernance et une gestion externes des conflits sociaux. Cela suppose un fort *continuum* politique-administration, une forte prise de responsabilité par les institutions représentatives et donc la configuration d'un rôle qui n'a rien de commun avec l'hypothèse de von Stein, c'est-à-dire de dissocier l'activité administrative des objectifs de l'État, en d'autres termes, l'organisation politique de l'organisation administrative.

Pour la construction publiciste de la relation politique-administration, fonctionnelle à la résolution de besoins concrets et à la détermination de politiques de péréquation, Fioravanti souligne que la contribution d'Otto Mayer, au début du XXe siècle, reste fondamentale pour comprendre comment le droit public doit s'ouvrir précisément à la réalité émergente de l'État social (M. Fioravanti, 1983) ; donc, d'une discipline visant uniquement à la bonne gestion de la chose publique, à une discipline capable de résoudre les conflits sociaux et de garantir l'accès aux droits fondamentaux.

Tout cela repose sur un rôle important attribué à la propriété publique et à sa capacité à satisfaire, selon les critères de l'égalité et de la solidarité, les droits sociaux des citoyens, qui ne sont jamais destinataires de mesures *imposées d'en haut*, mais le résultat de luttes, de conflits, de désaccords.

II.

Les processus de transformation du droit public

1. Préambule

En Italie, une étrange forme de démocratie post-moderne et néo-féodale provoque une réduction rapide et progressive des espaces publics et des droits qui y sont attachés. Un modèle médiéval est en train de se former, mêlant des formes d'absolutisme politique, avec un large espace néo-féodal pour la société civile, à des formes d'absolutisme juridique, caractérisées par une production continue du droit, perçu comme un simple instrument hégémonique d'affirmation *intolérante* de l'action politique. L'impression, de plus en plus évidente, est que nous sommes en présence de règles sans État, ou du moins de règles évoluant dans la précarité des espaces publics (P. Grossi, 1998), où ceux qui ont favorisé la contamination public-privé en ce qui concerne la représentation des intérêts et la représentation politique ont bien compris que l'instrument normatif, dans ses multiples expressions et applications, est le meilleur moyen de détenir le pouvoir politique. Les réformes des vingt dernières années en Italie (privatisation des services publics essentiels, liquidation des biens communs et du patrimoine public, simplification et *privatisation* de l'appareil administratif, affaiblissement de l'État social et des droits qui en découlent [C. Crouch, 2004], renforcement du rôle politique-administratif des régions et des collectivités locales), dont certaines sont manifestement en contradiction avec les principes constitutionnels, ont réduit et/ou transformé le rôle du droit public, du moins tel qu'il s'était consolidé après la Constitution italienne de 1948. Au fil des ans on a attribué, de manière superficielle et réductrice, une acception du droit public englobant le droit constitutionnel et le droit administratif, sans lui reconnaître, ou en sous-estimant, sa particularité et son unicité, sa matrice originelle qui, *touchant* des domaines économiques et sociaux, allait bien au-delà des disciplines susmentionnées.

Un ensemble d'interventions réglementaires a brusquement interrompu le processus d'évolution et de transformation du droit public libéral ou post-libéral qui, depuis 1948, bien que de manière inconstante, progressait grâce à la mise en œuvre effective des principes constitutionnels, se libérant ainsi de l'absolutisme politique et juridique qui avait caractérisé l'origine et le développement du droit public aux différentes phases du Moyen Âge. Les besoins concrets émanant de la société et liés aux principes constitutionnels permettaient de dégager le droit public de l'*imperium* de l'État et de la loi. On a donc assisté à une interruption de ce processus de transformation du droit public qui, bien que péniblement et dans une forme encore imparfaitement démocratique (P. Grossi, 2009), avait commencé en Italie, avant même la Constitution – et juste après le phénomène de l'absolutisme juridique – entre la fin du XIXe et le début du XXe siècle sous l'impulsion de Vittorio Emanuele

Orlando et de son école, dans le but de sélectionner les intérêts généraux et de réglementer les rapports autorité-liberté, en particulier ceux directement liés à la sécurité, aux libertés personnelles et à la protection de la propriété (F. Lanchester, 2004).

Ce processus de démocratisation du droit public a été stoppé. Fortement influencé par l'École allemande du XIXe siècle (M. Fioravanti, 1979), il avait utilisé les catégories du droit privé non comme une forme *affairiste* de simple contamination public-privé, mais plutôt de manière fonctionnelle, c'est-à-dire en tant que recours à des institutions et des instruments qui permettaient plus facilement au droit public de se dégager des autres sciences sociales, lui offrant ainsi la possibilité, avec des techniques plus raffinées, de poursuivre des objectifs et des intérêts publics, et de servir de base à l'action de l'administration publique et à la politique, dans ses diverses déclinaisons socio-économiques.

Ce processus évolutif du droit public, qui avait été influencé initialement par les *Chartes formelles* du XIXe siècle, de matrice jusnaturaliste, et par l'idéalisation de l'État-personne, monolithique et réactif à l'absolutisme juridique, en particulier dans la volonté déclarée de séparer la politique du droit (V.E. Orlando, 1940), est également interrompu. Ce droit public ressent la nécessité de dépasser le jusnaturalisme, en fusionnant historicisme, conceptualisme et formalisme (S. Cassese, 1987), passant ainsi du libéralisme intégral de la première moitié du XIXe siècle à une conception formaliste du libéralisme.

Aujourd'hui, nous assistons à l'interruption et au recul de ce processus évolutif du droit public, qui s'était réalisé à travers les conflits de classe, et qui avait vu l'émergence, juste avant et après la Première Guerre mondiale, d'un nouvel espace public des droits ; c'est-à-dire le droit public qui, grâce aux réflexions de Santi Romano, avait réussi à se libérer de l'hypocrisie des chartes des droits du XIXe siècle, en dénonçant leur abstraction, mais aussi à se libérer du binôme historicisme-formalisme de Laband, puis d'Orlando, en observant les changements sociaux, la croissance des formations sociales et la crise de la solidité de la structure étatique (S. Romano, 1969b).

Surtout, aujourd'hui, c'est un processus délicat du droit public qui est interrompu, un processus qui, dans la dimension de l'effectivité, avait perçu sa mission comme étant un ensemble de règles au service de la coexistence humaine, au service d'une société complexe, au-delà d'un simple catalogue statique de situations subjectives abstraites, ou d'un fondement de l'intervention de l'État dans les rapports sociaux (A. Massera, 1989).

Aujourd'hui un parcours est interrompu qui, après la Constitution de Weimar de 1919, avait été bien compris dans la Constitution italienne de 1948, en particulier dans sa phase d'application de la période 1960-1980 (*Costituzione vivente*). Pendant cette période, d'un point de vue social, le droit public a joué un rôle particulièrement important. En particulier, le binôme solidarité-égalité substantielle a attribué au droit public un rôle et une responsabilité qui ont renforcé sa nature de *gardien* de l'ordre public, passant d'une dimension *civile* à une dimension socio-économique, fondée sous la garantie des droits.

Depuis les années 1990, un processus de crise et de transformation du droit public est en cours, mettant progressivement en difficulté les catégories et les sujets classiques, et surtout touchant le domaine de l'organisation et du pouvoir, ainsi que la dimension de l'égalité substantielle et de la solidarité.

Il ne fait aucun doute que le processus affairiste de privatisation a joué un rôle décisif dans la transformation du droit public, impliquant les services publics essentiels au niveau national, les services publics locaux, les relations d'emploi public, les contrôles externes, les biens publics. Derrière la façade de la réduction des dépenses publiques et de la réorganisation des budgets, l'objectif était de réduire les espaces publics, parfois en les remplaçant – en l'absence d'intérêts mercantiles – par le néant (nihilisme), parfois par des intérêts privés, naturellement orientés vers le profit plutôt que vers la satisfaction de droits fondamentaux.

Un processus de contamination anormale public-privé, qui a mis en crise à la fois la dimension constitutionnelle et socio-économique du droit public, mais qui a surtout touché au cœur ce droit public qui – comme nous le verrons dans les chapitres suivants – avait évolué difficilement dans le sillage du processus de *démocratisation*, affirmant sa singularité.

En quelques années, on a assisté à une déformation de ce droit public qui, tout au long du XXe siècle, était passé d'une dimension politico-autoritaire originelle à une dimension administrative – axée sur la perception et à la gestion des besoins des citoyens – pour aboutir, après la Constitution de 1948, à une dimension sociale, caractérisée par le principe d'effectivité et la garantie concrète des droits proclamés. Une dimension qui, péniblement et non sans contradictions, avait identifié, à partir des années 1960, le principe d'égalité substantielle comme son *phare*, et donc les politiques de péréquation et de redistribution des revenus. Une dimension dans laquelle même la vision pan-propriétaire et individualiste propre au XVIII-XIXe siècle, c'est-à-dire l'absolutisme juridique, qui avait pratiquement annihilé la notion de propriété collective, s'atténuait en présence des principes constitutionnels, en particulier des articles 41-46 de la

Constitution (dimension sociale de la propriété et de l'entreprise, dimension participative). Des articles dans lesquels, contrairement au code de 1942, il est possible de discerner une vision moins individualiste même de la propriété publique. Des articles qui, pour échapper à la dichotomie typiquement propriétaire et individualiste public-privé, semblent orientés vers la fondation de la dimension du *commun* et des *biens communs*. Un texte, la Constitution de 1948, qui – comme nous le verrons plus loin – a en elle le potentiel de représenter le passage *du public au commun*, à travers une véritable dimension participative et une relecture de la notion de *dominium*.

Ces institutions, si elles sont associées, peuvent représenter à la fois la continuité et la discontinuité par rapport aux catégories classiques de l'État social. De nouvelles catégories qui, même au sein de la dimension sociale, peuvent permettre au droit public de dépasser ou du moins d'aller au-delà des dichotomies public-privé et individu-société.

Les transformations intervenues au cours des vingt dernières années, inspirées en partie par les théories du *Public Choice* (J.M. Buchanan, 1985) et de l'équilibre budgétaire élevé au rang de principe constitutionnel, ainsi que par les théories de la *New Political Economy* et du *New Public Management* (G. Napolitano, 2009), ont marqué (ou coupé) la fonction de péréquation du droit public – un principe de rang constitutionnel –, sa capacité à répondre aux besoins et aux instances sociales ; une fonction qui avait tenté de s'affirmer avec difficulté au cours des processus évolutifs de l'État démocratique, à travers les conflits sociaux et la lutte pour le droit (R. von Jhering, 1935), à travers l'émergence des premiers modèles participatifs (partis, syndicats) (J. Habermas, 1980), visant à remettre en question l'ordre social

stable et hiérarchique, garanti par les privilèges féodaux, la propriété, une culture élitiste et exclusive.

On pourrait dire que les réformes des vingt dernières années ont eu pour objectif d'*anesthésier* le droit public en ce qui concerne la relation capital-travail, en le ramenant dans le domaine du droit privé, du contrat, de la propriété privée, dans une interprétation du XIXe siècle de la notion de sécurité exclusive qui est vaguement liberticide, plus largement, en réduisant l'espace juridique-économique public et les droits socio-économiques des citoyens.

Un recul, donc, qui a non seulement contrecarré l'application des principes constitutionnels, mais a également porté atteinte à la nature la plus intime de la Constitution, à savoir la dimension sociale à poursuivre non seulement par un élargissement du rôle et des fonctions du public, de l'État, des pouvoirs publics, mais aussi par la dimension participative du *commun*, conçu non pas comme une entité publique, mais comme une nouvelle perception du public anti-propriétaire, anti-individualiste et anti-utilitariste, étrangère aux logiques dominantes de l'*imperium* et du *dominus* (même si public) sur le bien.

Ce processus de *fragmentation* du droit public est influencé et a été influencé par une matrice dominante libérale (A. Lucarelli, 2009b), qui a caractérisé et instrumentalisé le débat sur l'intégration européenne, et surtout par l'absence d'un droit public européen qui devrait être réalisé par des politiques de cohésion, qui ne devraient pas avoir leur *prius* dans le marché et la concurrence, mais dans des politiques publiques ciblées, telles que la politique du logement, du territoire, des services publics, de l'éducation, de la santé, des *biens communs* pour lesquels la concurrence ne peut pas être considérée comme un moyen approprié pour améliorer le niveau de vie des peuples (A. Lucarelli, 2006).

En somme, le cadre d'érosion du droit public, qui s'accompagne d'une érosion de la souveraineté étatique d'en haut (Union européenne) et d'en bas (régions), sans parler des effets dévastateurs et extra-juridiques de l'érosion de la souveraineté causée par l'action des *lobbies*, des multinationales, du Fonds monétaire international et de l'Organisation mondiale du commerce, semble ramener sa nature et sa fonction à la dimension du XIXe siècle d'ordre politique et de règles administratives ; une dimension dans laquelle les règles tendent à se mouvoir indifféremment aux principes démocratiques, en vertu d'un principe de souveraineté populaire de plus en plus souvent instrumentalisé et utilisé à des fins populistes, au sein duquel les principes du gouvernement représentatif forment un mécanisme complexe qui assemble des parties démocratiques et des parties non démocratiques (B. Manin, 2010), au sein duquel les partis politiques montrent toute leur inadéquation.

2. Les nouvelles catégories du droit public et les contaminations public-privé

Je crois qu'il est important de noter que parmi les questions les plus incisives dans le processus de reconfiguration du droit public et de réduction du principe de souveraineté, et donc de l'unité de l'organisation politique, il convient de mentionner, en général, la formation et l'émergence de nouvelles catégories subjectives, dont le placement dans la dynamique d'exercice du pouvoir public, y compris en ce qui concerne les services publics essentiels, échappe complètement aux paramètres traditionnels de configuration du cadre institutionnel. Ce sont des acteurs qui opèrent généralement en vertu d'un statut juridique subjectif d'origine privatiste (entreprises publiques, sociétés mixtes, partenariats public-privé), qui échappent en eux-mêmes aux contraintes et aux contrôles de nature publiciste, qui n'ont pas de localisation territoriale bien définie – à cet égard, ils sont parfaitement cohérents avec la dimension mondialisée de notre époque – et qui absorbent en leur sein des domaines d'intervention particulièrement vastes et décisifs dans les équilibres socio-économiques internationaux.

Par rapport, donc, à un cadre global dans lequel l'État-nation semble de plus en plus relégué à une condition de subordination par rapport aux nouvelles structures de pouvoir, qui trouvent leur point de force dans une dimension spatiale et territoriale raréfiée et insaisissable, je pense que l'effort à accomplir sur le plan juridique, afin de sauvegarder les prérogatives d'autonomie et d'indépendance des organisations étatiques, ne doit pas se limiter à la dénonciation des phénomènes potentiellement érosifs de la souveraineté, mais doit plutôt tenter de réaliser un processus de réinterprétation, de reconfiguration et de déconstruction, le cas échéant, de l'appareil instrumental publiciste.

Il semblerait que la seule voie praticable, à l'heure actuelle, soit de renforcer la sphère publique, dans sa véritable dimension participative et *commune*, capable d'exprimer de nouvelles subjectivités politiques, même au-delà de la forme partisane prévue à l'article 49 de la Constitution, en opposition aux pressions lobbyistes et corporatives. Il est évident que pour éviter le confusionnisme social, la fragmentation des finalités et des objectifs, ainsi que les phénomènes de lobbying, il faut configurer de nouvelles subjectivités politiques capables de s'alimenter à travers un processus continu de formation et d'information autour de programmes et d'objectifs communs et partagés. Un sujet politique qui, en partant d'une relecture de la notion de *méthode démocratique* visée à l'article 49 de la Constitution, soit capable de mettre l'accent sur l'inclusion. En effet, l'image des partis accrochés à leurs privilèges et séparés du reste de la société, voués au *hollowing out*, à l'épuisement de la démocratie – de plus en plus de pouvoir entre les mains du leadership, de moins en moins de démocratie interne, de moins en moins de membres – devrait céder le pas à une autre, complètement différente, basée sur l'élargissement de l'espace public de la politique et non sur sa restriction. Dans cet espace, plus séparé des instances de la société, pourrait se mouvoir une pluralité de nouveaux acteurs politiques. De cette façon, on passerait de l'exclusion verticale (le membre comme spectateur passif des spectacles de ses leaders) à l'inclusion horizontale : le citoyen comme agent dans une structure basée sur des règles démocratiques.

Face au désarmement du public et des principes régissant l'espace public, dérogés avec de plus en plus de vigueur par une législation agressive, il faut envisager des formes d'autoprotection, en proposant de nouveaux domaines d'expérimentation du système publiciste sur des versants jusqu'à présent peu explorés. Il existe une base constitutionnelle pour cette forme évolutive du public, tendant vers le *commun* tout en cherchant à en maintenir les racines démocratiques : la *démocratisation du commun*, c'est-à-dire une nouvelle dimension du public dans laquelle des éléments de la démocratie représentative coexistent, mais peuvent aussi s'opposer (par le biais de débats, d'instructions, de contrôles), avec des éléments de la démocratie participative et de la démocratie de proximité. Cela permettrait, en particulier pour les biens destinés à la satisfaction directe des droits fondamentaux, de sortir de la relation égoïste et individualiste entre le *dominus* et le bien, c'est-à-dire de certaines limites et abus (ou inadéquation) de la propriété publique elle-même.

Enfin, il semble opportun de distinguer, lorsqu'on parle généralement des processus d'érosion de la souveraineté étatique, entre ces phénomènes, tels que l'intégration européenne et le régionalisme, qui se déroulent dans le cadre de garanties, du moins formelles et procédurales, de protection du principe de souveraineté – et qui sont donc fondamentalement contrôlables ou du moins perçus collectivement – et ces phénomènes de concentration du pouvoir, auxquels il a été fait référence précédemment, qui échappent complètement aux formes les plus élémentaires d'observation et de contrôle.

Ces nouvelles concentrations de pouvoir sont caractérisées par des subjectivités ambiguës, dans le sens où, bien que leur régime juridique soit essentiellement fondé sur des principes et des règles de droit privé, elles sont, en substance, le résultat de processus de contamination entre la sphère publique et la sphère privée, de fréquents phénomènes de corruption qui rendent beaucoup plus complexe l'élaboration de nouvelles perspectives de confrontation.

Ce sont néanmoins des subjectivités politico-économiques qui vont à l'encontre du concept de *commun*, car elles sont caractérisées par un fort instinct propriétaire exclusif, une forte tendance individualiste, la poursuite hégémonique d'intérêts particuliers et la recherche frénétique du profit (M. Hardt, A. Negri, 2010).

Ce sont des subjectivités politico-économiques qui sont le résultat hybride de la concentration d'intérêts publics et privés au sein d'un réseau global de condensation des pouvoirs, traversant transversalement les centres névralgiques des systèmes socio-économiques mondiaux. Les territoires physiques et virtuels sont compris dans une logique d'exclusion, mercantile et propriétaire, et les institutions classiques du domaine public et des concessions n'empêchent pas de *faire des affaires* sur des biens d'appartenance collective (pensons à l'abus marchand de la concession et aux processus de privatisation en matière de circulation des biens). Ce sont des subjectivités agressives, protégées et orientées tantôt vers des formes d'absolutisme politique (*soft law*), tantôt vers des formes d'absolutisme juridique (*hard law*), dans le but de transformer, façonner et orienter les sujets et les espaces publics. Une subjectivité qui ne peut être contenue uniquement par les principes constitutionnels ou la légalité constitutionnelle, mais qui a également besoin d'outils visant à fusionner le public avec le *commun*, ou mieux encore, visant à purger le public de ses contaminations et superstructures, d'une part, et d'autre part, à donner une dimension politique à ce nouveau phénomène métajuridique qui tend à naître et à se développer principalement autour des *biens communs*, et qui découle directement des pratiques sociales et des conflits dans les territoires.

Cette opposition et cette conflictualité se concrétisent dans la perception claire d'assister à un recul de la fonction du droit public entravée, avant et après la Constitution de Weimar (J. Habermas, 1980), dans ses objectifs, par une logique permanente et contradictoire de neutralisation de l'action politique, exprimant des formalismes juridiques et des processus de *positivisation* d'un droit naturel, reflet de la partie dominante de la civilisation européenne (D. Zolo, 2002).

3. Du public au commun

La nouvelle conception du public découle de la perception d'un échec ou d'une manipulation hypocrite de la fonction sociale du droit public qui, dans les structures de propriété et d'actionnariat, restait *enfermée* dans une vision propriétaire et capitaliste de la société, et freinée par des vagues formalistes propres à l'absolutisme juridique, ainsi que par une interprétation forcément légaliste du droit.

On ressent donc la nécessité d'une nouvelle dimension du droit public, qui ne vise pas simplement à aller *au-delà de l'État*, mais plutôt à aller *à l'intérieur et au-delà d'un État social différent*, caractérisé par des subjectivités diffuses, articulées, non bureaucratisées et surtout capables de mieux voir et de mieux percevoir, *vivant les conflits*, de nouvelles exigences et de nouveaux droits.

L'action politico-législative en cours, encore plus dans le simulacre de la technocratie des soi-disant gouvernements des techniciens, est incapable de percevoir les nouvelles dimensions du public, des espaces où il est nécessaire de passer du *public* au *commun* (pensons aux *biens communs* matériels et immatériels) ; au contraire, elle se concentre sur une activité d'érosion et de bouleversement du droit public tel que conçu dans la Constitution, en particulier, mais pas seulement, dans la partie relative aux relations sociales, notamment le droit du travail. Un droit public qui, d'une part, perd progressivement sa dimension sociale – jamais pleinement réalisée conformément aux préceptes de la Constitution – et, d'autre part, se révèle incapable de comprendre, de l'intérieur, les instances et les besoins de changement.

Au cours des vingt dernières années, des politiques législatives de plus en plus réactives et éloignées de la dimension socio-économique ont été mises en œuvre, caractérisées par des formes régressives et réactionnaires sur le plan des droits civils : on peut penser en particulier à la liberté d'information ou aux droits des migrants.

Cependant, ce qui constitue un signe clair de régression du côté socio-économique de l'action des pouvoirs publics, semble se reconfigurer en termes de revendication, mais aussi de propositions et de contrôle du côté des instances sociales, pour une plus grande effectivité de certains droits fondamentaux. La référence, en particulier, au droit à l'information et aux droits des migrants renvoie à une dimension sociale en cours de transformation significative, non seulement en raison de l'élargissement global des limites de la dimension collective – ce qui nécessite en soi une nouvelle perspective d'approfondissement des dynamiques sociales – mais aussi en raison des nouveaux espaces de communication offerts par le progrès technologique. Il s'agit, dans les deux cas, de phénomènes qui se situent au-delà des domaines traditionnels d'intervention des pouvoirs publics et qui expriment de nouvelles instances de reconnaissance et de protection.

L'information, par exemple, est au centre d'une multitude de questions qui touchent, d'une part, ses nouveaux espaces d'accès renforcés par le progrès technologique et par le réseau, et d'autre part, les obstacles que lui imposent, dans certaines réalités politiques, des pouvoirs entravants, compromettant dans une certaine mesure la chaîne de légitimation démocratique dont l'information est un maillon fondamental. Il n'est pas surprenant que les phénomènes fréquents de participation, auxquels de nombreuses réalités politiques sont confrontées, émergent dans des contextes sociaux où les institutions semblent être de plus en plus éloignées. En effet, on ne peut nier que les instances participatives émergent principalement de la crise des modèles politiques représentatifs et engagent les citoyens dans un processus complexe et difficile, qui ne débouche que rarement sur des résultats significatifs en termes d'influence sur la décision publique. Dans cette démarche complexe, l'information constitue l'élément essentiel pour former une conscience civique active, la condition indispensable à toute forme de participation consciente, le requis essentiel pour déterminer la maturation des décisions sur des questions d'intérêt général adoptées selon des critères de rationalité.

La nécessité d'une nouvelle dimension du public, qui vise à partir des principes constitutionnels sans y rester ancrée, se heurte donc au processus actuel de barbarisation et de régression de l'approche démocratique de l'État de droit, bien ancré dans la subjectivation de la position juridique, dans son domaine, dans sa tendance individualiste. L'espace public, qui offrait une protection et une garantie aux droits de citoyenneté, civils, politiques et sociaux, s'est rapidement réduit, reprenant, d'une part, des traits autoritaires, d'autre part, des traits libertaires qui semblaient désormais définitivement dépassés. Le modèle et les catégories du *commun* ne sont pas nés pour compléter le projet constitutionnel – expression cependant du précepte *l'esprit de lois c'est la propriété* – mais plutôt pour s'opposer à cet étrange entrelacement aux traits inquiétants, difficile à lire et à interpréter, qui configure précisément un nouveau modèle de droit public, un nouveau modèle d'espace public, qui semble avoir une seule matrice unitaire, à savoir la défense de positions dominantes, tour à tour réactives envers l'État et ses limites imposées aux libertés économiques, puis réactives envers les processus d'intégration des sujets les plus faibles, en particulier les migrants, perçus comme des concurrents potentiels ou, pire encore, des perturbateurs de l'ordre public. Un recul, donc, à la fois par rapport aux droits économiques-sociaux et aux droits civils.

Dans ce sens, la conception du droit public antérieure à la formation de l'État démocratique (absolutisme juridique) tend à ressurgir, où la loi correspond au droit, où l'action de la majorité parlementaire s'impose, réfractaire à toute limite extérieure, même si elle est exprimée par la Cour constitutionnelle (J. Habermas, 2002).

Ainsi, la dimension sociale de l'État de droit s'évanouit, ou du moins se réduit progressivement, cette grande conquête constitutionnelle qui avait représenté au fil du temps la base culturelle de l'affirmation des droits subjectifs publics dans leur prescriptivité et leur effectivité.

La méfiance naturelle de l'approche libérale de l'État de droit envers l'approche sociale, visant à affirmer son idéologie subjectiviste des droits et sa préférence pour une société fondée sur la valeur de la sécurité des libertés individuelles et du droit de propriété exclusif, a utilisé deux *slogans*, celui de la privatisation des responsabilités publiques et de la propriété, pour faire face aux dépenses publiques, aux abus et aux dysfonctionnements du public, devenu de plus en plus un mélange d'intérêts public-privé, et celui de l'insécurité et de la solitude des citoyens, synthétisé par Beck dans l'expression « la société du risque » (U. Beck, 1986).

4. Encore sur les processus de privatisation du droit public : la fonction publique

L'idéologie vulgaire de *valorisation du privé* et de la *peur de la différence* a certainement influencé les processus normatifs de réforme qui, parfois, même avec superficialité et légèreté, ont emprunté des catégories juridiques à des modèles étrangers de manière tout à fait non critique et non systématique. On peut penser, par exemple, à l'engouement pour le modèle britannique de Blair, à la soi-disant troisième voie inspirée par Giddens (A. Giddens, 2000), au modèle nord-américain du *new public management* (D. Mone, 2011), qui a en partie inspiré les réformes de Bassanini au milieu des années 1990, avec pour objectif une révision conceptuelle profonde de l'administration publique et de la relation d'emploi public. En particulier, la fonction publique a été progressivement éloignée des schémas classiques de la dimension publiciste, pour être progressivement conduite dans l'orbite privatiste de la négociation, avec de sérieux doutes de légitimité quant au respect des articles 97 et 98 de la Constitution, qui continuent à établir les principes de la relation d'emploi public en termes de bon fonctionnement et d'impartialité.

En effet, le décret législatif n° 29 de 1993 a consacré la privatisation, ou plutôt la contractualisation de l'emploi public, et par conséquent, la réglementation juridique de l'emploi public est assimilée à celle de l'emploi privé. Aujourd'hui, cet acte a été intégré dans le texte unique contenant des dispositions générales sur l'organisation de la fonction publique. Parmi les effets de la privatisation, on note la contractualisation de la relation d'emploi public, la soumission à la réglementation de droit privé, la nature privatiste de tous les actes de gestion de la relation de travail.

5. Le désarmement de l'administration publique

L'un des points critiques du droit public, tel qu'il a joué son rôle et sa fonction lors de l'affirmation de l'État social, a été le lent déclin de l'administration publique et surtout sa progressive soumission au pouvoir politique, ou plutôt aux puissances politiques plus ou moins importantes. Un désarmement de l'administration publique, allégée dans ses structures de propriété et réduite dans ses activités de gestion et de contrôle, mettant ainsi en crise deux piliers de la Constitution italienne : le principe de l'impartialité et le principe du bon fonctionnement.

La transposition du langage *d'entreprise* et des catégories *privatistes* au sein de l'administration publique, à travers un processus de réforme entamé au début des années 1990, reposait sur l'idée qu'il fallait moderniser l'ensemble de la structure. On a cru, à tort, que l'amélioration de l'administration publique, en termes d'efficience et d'efficacité, devait passer par le recours au droit privé, à ses modèles contractuels de négociation, subordonnant ainsi l'activité administrative au principe de l'efficacité, en ignorant que le principe de distinction politique-administration, prévu par la Constitution, diffère du principe de séparation entre politique et gestion, un postulat des théories du *new public management* (D. Mone, 2011).

On a estimé que l'allégement des procédures devait passer par la réduction, voire l'abolition, des contrôles externes, et que le *corpus* administratif et directeur serait plus fiable et efficace s'il était choisi par le politicien au pouvoir, selon le modèle du *spoils system* nord-américain, ultérieurement déclaré inconstitutionnel (arrêt de la Cour constitutionnelle n° 103, 2007). Tout cela avec un syndicat de plus en plus proche du pouvoir politique, de plus en plus souvent l'expression d'une action politique, plutôt que le porteur des intérêts de la fonction publique. L'effet a été dévastateur, la gouvernance publique de l'administration a considérablement diminué et au lieu de rester au service de la poursuite de l'intérêt public, elle est devenue l'acolyte du pouvoir politique, des partis politiques, des intérêts puissants, déclinant ainsi de sa fonction constitutionnelle de défenseure de l'intérêt public. Bien sûr, les phénomènes d'illégalité et de corruption ont augmenté, la structure de plus en plus faible de l'administration publique n'a plus été en mesure de faire face à l'intrusion de la politique, comme cela a été clairement démontré dans le domaine des concessions, des marchés publics de services et de fournitures, dans la gouvernance du territoire et dans la

protection de l'environnement, pour n'en citer que quelques exemples. Des personnalités sélectionnées en fonction de leur loyauté envers le parti ou, pire encore, en fonction de leurs relations de lobbying, ont été nommées aux postes les plus élevés et sensibles de l'administration publique, plutôt qu'en fonction de leur compétence spécifique, même si des lois affirmant clairement le principe de distinction entre politique et administration étaient en vigueur. Des phénomènes de *féodalisation* de l'administration publique se sont concrétisés – bien décrits au début du XXe siècle par Weber et plus tard par Michels (R. Michels, 1966) – qui montrent comment ce processus dans son ensemble a obscurci le concept d'intérêt public (F. Ferrarotti, 1993). Des instruments *privatistes* et des organes extraordinaires ou spéciaux ont pris la place de l'acte public et de la structure administrative, permettant ainsi au secteur privé d'imposer, de manière légale ou illégale, ses propres intérêts.

En conclusion, on a perdu la séparation naturelle entre politique et administration qui avait caractérisé, bien que de manière intermittente, l'évolution de l'État libéral, et en même temps, on a perdu la capacité active de l'administration publique, typique de l'État social, à garantir concrètement la protection effective des droits.

La nouvelle forme du droit public devrait viser résolument à réarmer l'administration publique et à affirmer et garantir les principes constitutionnels du bon fonctionnement et de l'impartialité, en rétablissant la fonction des contrôles externes, encore plus essentiels dans des modèles de plus en plus sujets à des chevauchements public-privé.

Une administration séparée, donc, de la politique, mais non séparée des instances participatives, au contraire, *servant* dans le cadre de la gestion des *biens communs* à un rôle actif et gestionnaire des citoyens, en tant que garant de l'impartialité et de l'inclusivité des processus.

Une administration capable de dialoguer, discrètement, avec les associations, les comités, les mouvements, non pas dans le but de les coopter ou, pire encore, de se décharger de ses responsabilités, mais avec l'objectif clair d'enrichir de contenus et d'instances le parcours procédural, en conférant aux citoyens un rôle de gestion, ainsi que d'initiative et de contrôle. Il appartient bien sûr à l'administration de maintenir en vie les processus dialectiques avec les multiples subjectivités politiques et sociales.

Mais ce modèle n'est atteint que lorsque le droit public est capable de se rapporter aux différents acteurs et de vivre différentes étapes procédurales, même conflictuelles, sur la base de principes bien définis. Le processus décisionnel est public, et la participation *autodéterminée, informée et formée* s'intègre dans un espace public où doit toujours prévaloir l'intérêt général, au sein duquel la participation doit représenter une valeur ajoutée. En substance, il incombe à l'administration publique de maintenir en permanence la dialectique avec les instances participatives, dans le respect des principes de l'impartialité et de l'inclusivité.

Cette fonction délicate, exercée dans la conscience de devoir céder la souveraineté et la discrétion, est la seule qui puisse garantir l'équilibre entre la démocratie représentative et la démocratie participative dans la détermination et la mise en œuvre des politiques publiques.

6. L'outil de la régulation : aperçus

L'allégement des structures administratives publiques et la réduction de leurs fonctions actives et de contrôle ont été accompagnés par la création d'une nouvelle catégorie de droit public, du moins étrangère à la tradition italienne, celle de la régulation (G. Marcou, 2006). Cependant, au moins en Italie, dans sa dimension techno-bureaucratique, la régulation n'a pas réussi, jusqu'à présent, à empêcher ce processus de *féodalisation* de la société, dans lequel le pouvoir politique n'existe pas en soi, mais n'est qu'une fonction du pouvoir économique, qui coïncide avec la propriété privée et avec le pouvoir et la volonté des plus forts (F. Neumann, 1973).

Il s'agit d'un phénomène complexe qui entraîne une nouvelle configuration d'identification du pouvoir, non plus identifiable exclusivement dans les formes institutionnelles traditionnelles, mais dans une forme inédite de soumission tendancielle aux logiques économiques et – un aspect particulièrement important – dont la *cartographie* est caractérisée par une série de coordonnées révélant des parcours de diffusion plutôt ramifiés, peut-être plus visibles de loin mais qui, paradoxalement, risquent d'être perdus de vue à une distance rapprochée. En d'autres termes, les trajectoires du pouvoir ne sont pas toujours aussi facilement identifiables, et ceux qu'un certain type d'information nous suggère d'être les centres de catalyse des pouvoirs forts, ne le sont pas toujours réellement et dans la mesure indiquée. Cette réflexion vise à suggérer que le pouvoir n'est pas toujours caractérisé par un degré suffisant de visibilité, et que la plupart du temps, les objets que nous identifions traditionnellement comme des symboles de force et auxquels nous prêtons attention représentent en quelque sorte le simulacre d'une vision quelque peu dépassée des dynamiques de conflit. En effet, nous vivons à une époque où les formes de conditionnement sont plus diffuses, où probablement les appareils publics chargés d'exécuter des fonctions sociales apparemment inoffensives cachent, par la manière dont elles sont gérées, des formes beaucoup plus insidieuses d'oppression au détriment des droits fondamentaux. Prenons, par exemple, les récents événements en Italie dans le domaine de la protection civile, un appareil public traditionnellement chargé de la gestion d'événements catastrophiques, qu'ils soient naturels ou anthropiques, et donc au service de la sécurité publique, mais qui s'est révélé être un secteur de catalyse pour de puissants intérêts économiques, qui n'ont rien à voir avec l'esprit de service dans l'intérêt public.

De nouvelles catégories juridiques, néo-féodales, néo-patrimoniales, néo-contractuelles, souvent issues de la synthèse grossière public-privé et d'une implication confuse et instrumentale de la société civile, loin des véritables modèles participatifs, et soutenues par un désarmement général de l'administration publique, ont donc déterminé la configuration de formes inédites du droit public, étrangères à la Constitution italienne, mais aussi aux processus évolutifs originaux, au point d'imposer une réinterprétation de ses principes fondamentaux.

7. Transformation du droit public social et affirmation de la nouvelle catégorie juridique hybride de la régulation

Les cessions de biens et de services, la réduction de l'appareil administratif en ce qui concerne les activités de gestion et de contrôle des biens et services publics, depuis les années 1990, contribuent d'une part à une transformation nette du droit public social engagé, et d'autre part, introduisent la nouvelle catégorie juridique de la régulation (G. Marcou, F. Moderne, 2006).

Il n'entre pas dans l'économie de ce travail d'analyser la fonction des autorités de régulation en Italie, ni le vaste débat qui s'est développé dans la doctrine ; cependant, le phénomène est pris en considération en raison de son incidence sur la transformation du droit public et de l'État social dans son ensemble. En effet, avec l'introduction de la fonction de régulation dans l'ordre juridique italien, on passe d'un modèle d'administration, enraciné dans la Constitution (bon fonctionnement et impartialité), à un modèle emprunté à des expériences étrangères d'origine anglo-saxonne.

De plus, cette transposition de modèles étrangers a également eu lieu dans un but opposé à celui qui a été la principale raison de leur introduction dans les politiques publiques européennes et italiennes relatives aux services publics au cours des deux dernières décennies. Comme le souligne la doctrine : « elle a en effet été utilisée outre-mer pour légitimer une intervention publique dans des secteurs autrefois dominés par l'initiative économique privée, et c'est également grâce à la régulation qu'il a été possible de construire une structure monopolistique dans le secteur des télécommunications » (C. Iannello, 2006, p. 82). Par conséquent, en Italie, la notion de régulation a pris la qualification d'instrument au service des processus de privatisation plutôt que de libéralisation, c'est-à-dire qu'au lieu de favoriser l'ouverture des marchés, elle a facilité les processus économiques et financiers de cession publique (services et biens) en faveur de groupes privés. En réalité, peu de sociétés privées ou mixtes ont succédé aux régimes de monopole, configurant ainsi l'émergence de structures oligopolistiques évidentes.

La fonction originelle de la *régulation* – en harmonie avec la Constitution – visant à tempérer les libertés économiques en les ramenant à une cohésion économique, sociale et territoriale – en particulier en tempérant les profits – a été complètement ignorée par le droit public actuel.

Les autorités de régulation, qui ont eu un impact important sur le modèle d'État social et sur les responsabilités directes des institutions publiques, en contradiction avec les principes de neutralité et d'impartialité de l'administration publique énoncés à l'article 97 de la Constitution, n'avaient pas pour objectif la poursuite de l'intérêt général, mais elles ont plutôt soutenu l'orientation politico-économique contingente, renforçant de fait les oligopoles privés.

Il est évident, au-delà de simples formalismes et d'arguments hypocrites, que la nouvelle catégorie juridique de la régulation, qui tente de surmonter la division traditionnelle entre le droit public et le droit privé en réintroduisant des schémas que l'on croyait définitivement dépassés, s'installe en Italie, mais aussi en partie en France, dans le but de provoquer une transformation profonde des relations entre l'État et l'économie, avec un retrait des formes traditionnelles de l'interventionnisme économique et le développement de nouvelles formes visant à soutenir le dynamisme du marché.

Il est indéniable que le modèle abstrait d'administration prévu par la Constitution, mal réalisé dans la réalité, garantissait un degré de détachement et d'autonomie par rapport au pouvoir politique beaucoup plus significatif que ce que peuvent garantir les autorités de régulation. D'une part, le principe dominant devrait rester le concours, d'autre part, la nomination, et cette différence a déjà un impact indéniable sur leur degré d'impartialité. Cette considération vaut également pour l'administration publique dans son ensemble, où le principe constitutionnel de concours public, étroitement lié à la garantie de l'impartialité et du bon fonctionnement de l'administration publique, est constamment remplacé par le principe de nomination de fait à tous les niveaux de direction. En conclusion, les objectifs de la concurrence dans des secteurs stratégiques de l'économie ont été largement ignorés au profit de la formation d'oligopoles et d'entrelacs public-privé. L'objectif d'alléger la réglementation n'a pas non plus été atteint ; il est clair que la régulation ne peut pas être une alternative à la réglementation. La régulation, en tant que fonction du pouvoir public, a en fait conduit à un durcissement de la réglementation au lieu de la flexibilité attendue liée au développement du marché (G. Marcou, F. Moderne, 2006). Par conséquent, l'émergence des autorités de régulation, en dehors des doutes de constitutionnalité (M. Manetti, 1997), a contribué au désarmement de l'administration publique, réduisant ses fonctions et facilitant, voire encourageant, les cessions de biens publics, provoquant l'appauvrissement structurel de l'Italie. On peut penser, enfin, au pouvoir conféré à l'Autorité antitrust en matière de privatisation des services publics locaux par l'article 23 bis de la loi n° 133 de 2008, tel que modifié par l'article 15 du décret-loi n° 135, converti en loi n° 166 de 2009 (aujourd'hui intégralement abrogé par les résultats du référendum des 12 et 13 juin 2011). Un pouvoir capable de diriger et de gérer le processus de cession des anciennes entreprises municipalisées, qui pourront continuer à fournir les services de leur ressort, sauf instruction et avis de l'Autorité antitrust. Cette norme, abrogée et illégitimement réintroduite par l'article 4 de la loi n° 148 de 2011 (également abrogé par l'arrêt de la Cour constitutionnelle n° 199 de 2012), à l'exception de l'eau, confère essentiellement à l'Autorité antitrust le pouvoir de décider de la survie ou non des attributions de services publics *in house*, qui ont continué à garantir, bien que pas toujours de manière transparente, le service universel dans des domaines délicats et étroitement liés à la protection des droits fondamentaux (A. Lucarelli, 2011e).

8. Encore sur les nouvelles formes de droit public et leur impact sur les droits civils et socio-économiques : un cadre disharmonieux par rapport à la Constitution

Les politiques publiques des dernières années imposent une relecture du principe de solidarité, du principe d'égalité, du droit au travail (avec tous ses corollaires), du principe d'unité et d'indivisibilité de la République, des politiques militaires, de la liberté d'information, de la fonction sociale de la propriété, du rôle de l'État dans l'économie – en particulier dans les domaines des services publics essentiels dont la gestion implique directement les droits fondamentaux *sacralisés* dans la Constitution, mais dont la garantie effective dépendait et dépend du droit public, en particulier de sa dimension sociale.

Des formes de dénaturation et de simplification du droit public se sont progressivement développées, le ramenant d'une part à ses modèles primordiaux autoritaires politico-administratifs, en modifiant également le degré de responsabilité (droit public autoritaire) ; d'autre part, elles l'ont poussé vers des formes d'absolutisme politique que l'on pourrait aujourd'hui définir comme étant fondées sur un recours grossier à la subsidiarité horizontale et à la *soft law*.

De nouvelles formes de droit public circulent dans le monde juridique, social et économique, expression d'interventions législatives contingentes et non systématiques qui, comme des monades déchaînées, produisent des effets dévastateurs (on peut penser récemment à la soi-disant *spending review* introduite par le décret-loi n° 95 de 2012, qui, en réduisant encore les ressources des communes, les empêche essentiellement de remplir les fonctions qui leur ont été attribuées par la Constitution).

Nous traversons une époque de transformation du droit public, ou du moins de sa dimension sociale démocratique, telle que prévue dans la Constitution. Parallèlement, se dessinent et se succèdent de manière menaçante des formes diverses de droit public disharmonieuses par rapport au cadre constitutionnel, selon un schéma libre et flexible qui rend le tableau encore plus incertain et sombre.

Il s'agit de formes, apparemment pragmatiques et fonctionnalistes, visant à apporter des réponses immédiates aux besoins et aux incertitudes des citoyens, mais qui expriment en réalité des principes spécifiques, d'une part visant à restreindre les libertés individuelles, selon une vision autoritaire, policière et parfois raciste et xénophobe ; d'autre part, ils visent à réduire la fonction active, de gestion et de contrôle des administrations publiques, dans le but *mercantile* de soustraire les *biens communs* à la pleine disponibilité des citoyens, en les transformant en marchandises pour obtenir des profits et faciliter le fonctionnement d'une société libérale, basée sur les flux financiers et la propriété actionnaire et immobilière.

On se trouve donc face à des modèles et des formes de droit public totalement nouveaux, hybrides, qui doivent absolument être étudiés dans leurs particularités et dans leurs processus de formation. Un nouveau *corpus* de droit public, envahissant du côté pénal et timide du côté économique et social ; de nouvelles représentations du droit public qui ne semblent pas posséder les outils appropriés pour faire face aux nouveaux défis mondiaux, et surtout, qui sont inaptes à trouver des solutions à la crise économique, sociale, de l'emploi, environnementale, et énergétique actuelle. Il s'agit d'un nouveau *corpus* de droit public encore plus enraciné dans les sociétés capitalistes que celui prévu dans la Constitution de 1948. Un modèle alternatif de droit public ne peut pas reposer uniquement sur une relecture actualisée des principes constitutionnels, mais doit avoir la force de configurer un système social différent, fondé clairement sur l'opposition au capitalisme, « c'est-à-dire comme critique radicale de formes de société dans lesquelles le rapport des forces sociales, les processus de décision, la technique, le travail, la civilisation quotidienne, les modèles de consommation et de développement portent l'empreinte d'un souci de rentabilité aussi grande que possible » (A. Gorz, 1991). Cette forme révolutionnaire s'exprime dans tous les domaines où les droits sociaux et les droits de participation sont liés aux questions des *biens communs* et où le public n'est pas en mesure de les satisfaire en dehors de logiques impliquant la multitude, sans bloquer les comportements qui peuvent être authentiquement collectifs.

9. Les nouvelles formes privatistes du droit public et les nettes divergences avec le modèle libéral

Dans le processus de formation des nouvelles catégories du droit public, on a souvent fait référence aux racines de la tradition libérale, même comme justification de politiques publiques en désaccord avec les fondements constitutionnels, ou du moins avec la dimension sociale qui caractérise la Constitution de 1948. En réalité, comme nous le verrons, ces catégories émergentes n'ont rien de commun avec la culture libérale la plus profonde, qui a toujours – souvent même pour des raisons égoïstes et spéculatives – valorisé le rôle de l'État dans l'économie (M.S. Giannini, 1993), mais elles sont le plus souvent l'expression de pouvoirs extra-juridiques qui, en tant que tels, perpétuent des rapports d'inégalité, que l'on pourrait nommer de manière suggestive des *pouvoirs sauvages* (N. Bobbio, 2002, p. 14).

Il y a donc un appel impropre à la tradition libérale, dont le développement, au tournant des deux siècles, se caractérisait, au contraire, par une responsabilisation marquée de l'État et par un droit public qui, conscient de ses responsabilités, se déplaçait progressivement de sa dimension politico-constitutionnelle, naturellement orientée vers la défense de la propriété et des libertés individuelles, à une dimension administrative, visant à réguler et à gérer l'émergence des problèmes économiques et sociaux propres à une société en transformation et, dans sa structure et ses acteurs, de plus en plus complexe.

Une forme de droit public qui ne signifiait nullement une exubérance et une primauté de l'institution publique sur le privé et le citoyen, mais une séparation stricte entre les intérêts publics et privés, dont la confusion aurait engendré le mépris des droits et des devoirs civils et la mauvaise gouvernance dans la vie des États (G.M. Chiodi, 1992). Un droit public imaginé pour faire face aux pernicieuses contaminations du public avec le privé, des entrelacements qui, le plus souvent, n'ont rien de commun avec la poursuite de l'intérêt général.

C'est précisément à cette époque, en particulier à l'époque giolittienne, que l'on comprend bien, même parmi les couches les plus conscientes de la haute bourgeoisie entrepreneuriale, que seul un rôle *solide* de l'État, fondé sur un droit public *solide*, aurait permis de faire face à l'émergence d'oligopoles privés au détriment de la concurrence et de la véritable protection des libertés économiques (L. Einaudi, 1962). Un droit public, déjà conçu au XIXe siècle par les hégéliens napolitains, qui présupposait une véritable continuité entre Spaventa et Croce en ce qui concerne les responsabilités de l'État, dans sa dimension éthique et dans son incidence sur les droits subjectifs (N. Bobbio, 1977). Des traces de ce débat se retrouveront plus tard dans la soi-disant Constitution économique. Il est évident qu'il s'agissait encore d'une forme de droit public fondée sur une nette séparation politique-administration-citoyens, à laquelle échappaient les catégories de l'État-providence, de la participation et du conflit, ce dernier étant toujours résolu de manière hégémonique par une classe dirigeante, par l'élite culturelle (G. Mosca, 1982).

Dans le modèle libéral de droit public, le citoyen restait le destinataire des décisions issues de politiques publiques déterminées d'en haut. Il s'agissait d'un processus *réductionniste* – bien mis en évidence en Italie par Santi Romano – qui saisissait entre l'État et l'individu la présence d'une troisième dimension, d'ordre collectif, distincte de l'État, qui bouleversait l'ordre bourgeois (S. Romano, 1969b). Avec Santi Romano, le droit public s'approchait de cette dimension sociale, ensuite affirmée avec Weimar et fortement voulue dans la Constitution italienne. Un modèle libéral, donc, qui, bien que pas toujours de manière constante et synchronisée, exprimait la volonté d'affirmer l'aspect tridimensionnel du droit public (politique, administratif et social) en esquissant, même de manière rudimentaire, les outils pour comprendre et résoudre les conflits sociaux.

10. Nouvelles formes de droit public et processus réductionnistes

Les nouvelles formes de droit public accentuent son profil politique, dans la détermination d'objectifs précis et dans la volonté manifeste de protéger certains groupes sociaux, au détriment d'autres. Ainsi, chercher aujourd'hui des racines dans des modèles antérieurs, tels que le modèle libéral, représente uniquement une tentative d'instrumentalisation visant à trouver des raisons et des justifications culturelles pour légitimer les processus en cours. Aujourd'hui, au lieu de parler de modèles, il est plus facile de parler de processus de nature politique, peu structurés du point de vue juridique, économique et social, mais bien définis en termes de choix et d'objectifs à atteindre. Sur le plan économique et social, on assiste à un État qui se retire, mais qui est prêt à renaître pour protéger des situations spécifiques, par exemple d'ordre financier et/ou sécuritaire, créant ainsi une confusion entre intérêts généraux et particuliers, entre intérêts publics et intérêts privés, et surtout prêt à utiliser des instruments du droit privé. Sur le plan pénal et des garanties, réapparaissent les aspects menaçants du droit public autoritaire qui semblaient appartenir au passé, qui n'ont rien de commun avec la culture de la sauvegarde des garanties constitutionnelles et de l'égalité substantielle ; il suffit de penser à la discipline répressive xénophobe et raciste concernant les migrants, mais aussi aux mesures législatives qui, sur la base de l'urgence, interprètent l'état de nécessité comme source du droit, portant atteinte aux droits de participation, avec un haut degré d'irresponsabilité envers les conflits sociaux. Et il est bien connu que l'un des éléments qui a caractérisé le passage de l'État autoritaire à l'État démocratique a été le déni qu'une situation puisse de fait devenir une source du droit, une source de droits et d'obligations.

Ce sont précisément les instances participatives, plus ou moins organisées, qui avaient représenté le *carburant* des processus démocratiques et qui avaient contribué au développement de la dimension sociale du droit public, en plus du profil gestionnaire-administratif. Elles sont négativement influencées par un tableau général dans lequel des phénomènes de concentration ont progressivement restreint la liberté d'information et le sens public de la radio et de la télévision, provoquant ainsi une grave atteinte au droit de participation. Et il est bien connu, entre-temps, que les modèles de participation peuvent être efficaces, et non pas sujets à des processus de cooptation, s'ils peuvent se nourrir grâce à une information et une formation permanentes.

En conclusion, face au cadre normatif actuel et confus, il n'est pas facile d'identifier des racines spécifiques et déterminées de la culture juridique à la base du processus actuel de régression du droit public ; ce que l'on peut souligner, c'est le recul en cours par rapport à certains objectifs atteints au fil du temps par le droit public, dans sa synthèse dynamique de principes et de règles visant à régir les processus économiques et sociaux.

III.

Effectivité et ineffectivité du droit public social

1. Droit public social : encore sur les contaminations privatistes

Dans une société de plus en plus complexe où la séparation individu-État tend à diminuer, à travers des structures intermédiaires formellement privatistes, mais à vocation publiciste (syndicats, partis, comités, mouvements, associations, fondations), la structure du droit public libéral-bourgeois, propre à l'État de droit, commence un processus de transformation qui l'amène progressivement à acquérir sa vocation, que nous appellerons fonctionnelle et/ou sociale.

Le *critère distinctif* du passage du droit public libéral-bourgeois au *droit public fonctionnel-social*, en résumé, ne réside pas tant dans le rôle plus ou moins important de l'État que dans les dynamiques ayant conduit au passage de l'État de droit à l'État démocratique, caractérisé par l'égalité substantielle, la reconnaissance des droits fondamentaux (sauvegarde des garanties constitutionnelles), y compris par le biais de modèles d'atténuation de la toute-puissance législative qui ont posé des limites au pouvoir législatif à travers des organes de contrôle tels que la Cour constitutionnelle (la légalité constitutionnelle). Il s'agit donc d'un droit public qui contribue à façonner l'État social naissant, qui impulse et façonne la législation sociale, qui s'oppose à la séparation individu-État et qui vise à mettre en œuvre les parties de la Constitution non auto-applicables, non immédiatement prescriptives.

C'est précisément cette forme de droit public, fonctionnelle ou sociale, qui a subi au cours des vingt dernières années les plus importantes modifications et transformations, certaines physiologiques – liées à une société de plus en plus ouverte – d'autres étant induites par la transformation de la forme de l'État, par la notion modifiée de souveraineté étatique et de représentation populaire, toutes deux érodées par l'émergence de centres de pouvoir économico-financiers, antagonistes par rapport aux processus décisionnels typiques de la démocratie. Une fragmentation des intérêts due à des phénomènes internes et externes à l'ordre juridique.

Cette forme de droit public, clairement orientée vers l'affirmation des catégories juridiques de l'État social – dans certains cas, son acolyte –, a progressivement perdu son élan idéal en faveur de l'égalité des citoyens, de l'égalité démocratique ou substantielle, manquant également à sa fonction de transformer les principes en prestations au profit des droits des citoyens.

Ce droit public, qui avait servi de guide pour les politiques publiques et sociales des années 60 et 70 du siècle dernier, a été réduit au profit des disciplines civilistes. Un changement de cap par rapport aux tendances des années 70, qui encourageaient la lecture et l'interprétation du droit civil entre le code et la Constitution (F. Lordon, 2010), en particulier en ce qui concerne les institutions du contrat et de la propriété (F. Lucarelli, 1970).

Un changement de cap qui semble ramener, du moins en termes de méthode et d'outils, le droit public à la période précédant le virage gerbérien (M. Fioravanti, 1979), à travers une contamination de catégories propres au droit privé, sous l'influence, entre autres, du droit communautaire – en particulier dans sa composante anglo-saxonne – qui ne reconnaît pas le droit public comme un *corpus* autonome. Une contamination qui a également été influencée par la fusion des deux dimensions de la *civil law* et de la *common law*, à travers l'action de l'Union européenne, devenue un sujet de production normative dans ses institutions. Sur ce plan, comme nous le verrons plus loin, il y a une réaction à travers un processus innovant et fondateur du droit public européen de l'économie.

Ces mélanges et fusions, qui trouveraient hypocritement leur base dans l'élément unificateur des droits fondamentaux et dans les nouvelles exigences économiques et sociales, expriment en réalité le besoin de faire passer des intérêts partisans, individuels et corporatifs, en position de prééminence par rapport aux intérêts généraux (F.P. Casavola, 2006). Au-delà de la forme, ce processus cache un retour à la dimension féodale et médiévale du *jus commune* et primordiale de la *lex mercatoria* (P. Grossi, 2009), antérieure à la construction des États-nations, avec l'introduction de catégories non juridiques, propres aux disciplines économiques et commerciales.

Ces contaminations ont trouvé des justifications vulgaires et simplistes dans la nécessité de *moderniser*, d'*alléger*, de *simplifier* le droit public, reléguant au second plan l'aspect le plus caractéristique du droit public fonctionnel ou social, à savoir la difficile synthèse entre les besoins généraux et les besoins individuels, sacrifiant, comme nous le verrons, la dimension sociale, mais aussi la dimension gestionnaire-administrative.

Il y a donc eu un véritable changement de cap, car non seulement le droit civil et le droit commercial se sont *débarrassés* du lourd fardeau de la dimension publiciste de la Constitution, qui avait conditionné, en particulier avec les notions de fonction sociale de la propriété et des fins sociales de l'activité d'entreprise, l'initiative économique des particuliers, mais aussi le droit public a été progressivement *colonisé* par le droit privé et ses catégories. Il est évident que ce processus a gravement pénalisé la dimension sociale du droit public, c'est-à-dire la plus envahissante dans les relations entre particuliers, en déplaçant la protection des droits vers des garanties effectives.

2. Les réformes et le recul du droit public fonctionnel : une atteinte à l'effectivité des principes constitutionnels

Les réformes des dernières années, qui ont impliqué le cadre institutionnel et les relations entre l'économie et le droit, affaiblissant la protection effective des droits sociaux, sont également, et surtout, le résultat d'un ensemble d'événements économico-financiers et géopolitiques, tant exogènes qu'endogènes à l'ordre juridique italien.

Des orientations politiques contingentes de la majorité, expression de règles formellement valables mais illégitimes, induites également par des ordres juridiques supranationaux, par des évolutions (ou involutions) de la forme de l'État et par des scénarios économiques changeants, ont également eu un impact – *tranchant* – sur les principes qui contribuent à définir la forme d'État social et le modèle de Constitution économique (A. Lucarelli, 2004).

Une production normative, résultat d'orientations politiques contingentes, qui s'écarte de l'ordre juridique formel, qui affaiblit ou neutralise les principes fondateurs, les rendant de fait inefficaces et donc non valables (R. Alexi, 1997).

Des événements souvent désarticulés et hétérogènes entre eux, induits par des crises économiques et financières, des crises énergétiques, environnementales, alimentaires, caractérisées, avec des logiques néo-colonialistes, par l'exploitation de plus en plus violente des sujets faibles et de tous les droits qui leur sont liés (G.A. Ritter, 1996).

Un processus involutif qui a coupé les racines de l'État social, créant des incertitudes et des conflits de plus en plus dramatiques (B. de Jouvenel, 1971). Un processus politico-économique et institutionnel qui a tenté, dans le mythe de l'État minimal du *liberal contractualism*, de neutraliser le droit public, en lançant un processus régressif de garantie effective des droits sociaux, en opposition avec les thèses plus conformes au concept de démocratie substantielle visant à intégrer les droits de citoyenneté dans la catégorie plus large des droits universels (A. Føllesdal, 2000).

3. Encore sur la crise du droit public social

Le remplacement progressif des processus décisionnels publics et de l'acte public au profit de choix économico-financiers, expression de modèles néo-contractuels (A. Burgio, 2006), *lobbyistes* et néo-féodaux, représentés par le recours à la *soft law* ou l'émergence des *légaux standards* et de la *spending review*, pousse à s'interroger sur le sens et la fonction plus profonde du droit public aujourd'hui. À se demander quelle peut être, à ce moment historique, sa fonction : une fonction démocratique de régulation et de gestion des processus économico-sociaux, obtenue par des luttes et des sacrifices qui ont marqué le passage de la formule abstraite et formelle de l'État de droit, intrinsèquement anti-démocratique, caractéristique des modèles du libéralisme autoritaire de l'Europe continentale à cheval entre le XIXe et le XXe siècle, à l'État social. Un rôle qui avait trouvé en Italie son aboutissement et son fondement *positif*, ainsi qu'idéal-culturel, et sa consécration, dans la Constitution de 1948.

Un droit public de plus en plus souvent plié à des logiques où des centres de pouvoir fermés et protégés, d'origine mixte public-privé (pensons à tout l'univers des sociétés de capitaux publics ou aux sociétés mixtes public-privé), sont *utilisés* comme une extension de la société civile, représentant des intérêts particuliers qui, seulement marginalement, peuvent se croiser avec les intérêts publics.

L'institution du contrat, en général les instruments privatistes, bien sûr, conviennent, dans une logique souple de négociation permanente, à satisfaire un ensemble confus et assemblé d'instances.

Les institutions de la concession et de l'adjudication de biens et de services publics, le recours à des appels d'offres de plus en plus opaques, deviennent une tentation constante d'échange mutuel de faveurs. En l'absence de véritables libéralisations, mais de transferts temporaires de services et de biens au secteur privé ou à des entités mixtes public-privé (processus de cession), des *relations dangereuses* se développent entre l'autorité publique et le gestionnaire-fournisseur. Des formes de corruption et d'appauvrissement des ressources publiques se développent principalement autour du *business* des services publics locaux et de l'exploitation privée des *biens communs*, principalement en raison d'une attitude irresponsable de la part de l'entité publique. Ces processus, comme nous le verrons dans les paragraphes suivants, ont été clairement mis en évidence dans les travaux de la Commission Rodotà chargée par le gouvernement Prodi de modifier la partie du Code civil de 1942 relative à la propriété publique.

4. Les processus de démocratisation du droit public : idées et voies vers le droit public-social

Comme on le sait, le droit public dans les monarchies constitutionnelles de la seconde moitié du XIXe siècle a joué un rôle politique dans le maintien du *statu quo* et a ensuite marqué, voire accéléré parfois, le processus de démocratisation du libéralisme autoritaire et la transition de l'État de droit à l'État social, de l'État monoclasse à l'État pluriclasse. Il a contribué à transformer cette racine autoritaire, méthodologiquement privatiste, de la fonction administrative-gestionnaire du droit public, fortement influencée en Italie par Orlando, en une dimension plus démocratique dans la relation entre les institutions et les citoyens.

Du formalisme *pandectiste* et de la méthode juridique, où le droit public était assigné à une fonction *normalisatrice* des structures économiques et des rapports de force en utilisant des catégories du droit privé, on passe au *réalisme* du droit public, à un droit public qui veut gérer et non simplement servir de *béquille* et de soutien au décisionnisme politique ou de simple ensemble de règles à caractère bureaucratique-administratif. Un droit public qui, à travers la dimension sociale, veut inciter l'administration active à intervenir dans les dynamiques sociales, non seulement pour les gérer et les façonner, mais pour les comprendre et les résoudre, en partant d'une perspective qui prend en compte les sujets les plus faibles.

Un rôle indispensable donc qui, bien qu'ayant pour objectif déclaré de sauvegarder le *statu quo*, en particulier les intérêts de la noblesse des rentes et de la bourgeoisie émergente des affaires, a su progressivement tracer les voies des processus économiques et réguler les conflits sociaux, déplaçant le centre de gravité de la démocratie du plan formel au plan substantiel, réalisant la transition de l'État libéral à l'État démocratique, favorisant cette dimension où l'individu est pris en considération dans la multiplicité de ses statuts et de ses conflits possibles (N. Bobbio, 1995) ; une dimension où une démocratie politique ne suffit plus, mais où il faut une démocratie sociale et économique.

Un droit public qui, en tout cas, émane d'organes partiellement représentatifs, encore au sein de systèmes élitistes. Par conséquent, un droit public qui commence à percevoir les priorités contenues dans l'intérêt général, dans l'utilité sociale, mais qui néanmoins exerce son action encore au sein de modèles institutionnels non démocratiques, caractérisés par le suffrage restreint.

Comme nous le verrons, le processus de démocratisation du droit public a été possible en Italie sur la base d'une Constitution qui, dans la période 1960-1990, a été mise en mesure de vivre à travers des politiques législatives de plus en plus orientées vers le social. On est passé d'une dimension programmatique de la Constitution à une autre de nature prescriptive. Une période où les juristes privatistes ont apporté une contribution plus marquée que les juristes publicistes, notamment à travers une interprétation orientée d'institutions telles que le droit subjectif, la propriété, le contrat, l'acte juridique. On y trouve la trame rationnelle de l'économie politique et une formule moins vague du mode de production capitaliste. La Constitution commence à servir de base à une société et à un monde nouveau, qui tirent leur légitimité de l'article 3, paragraphe 2 de la Constitution, c'est-à-dire du principe d'égalité substantielle. Ce principe tend à être une sorte de *Grundnorm* au carré, une sorte de super-principe auquel relier et ramener les autres principes, ainsi que bien sûr les droits civils, les droits de participation et les droits socio-économiques. Cette construction théorique trouvait ensuite une stratégie opérationnelle grâce à l'action du législateur et à une utilisation transformative du même argument confié, de manière préférentielle, au juge (L. Nivarra, 2008).

5. Constitution et fonction sociale du droit public

Le modèle de droit public, défini par la Constitution italienne, s'éloignait donc à la fois de la méthode *Staatswissenschaftliche* de von Stein et de la méthode juridique de Gerber, Laband, Jellinek, ensuite reprise en Italie par Orlando, visant à réglementer et à organiser l'État de police, la relation liberté-autorité et la protection des libertés individuelles.

Le droit public, défini par la Constitution italienne, en particulier dans la partie relative aux relations économiques et sociales, aurait donc le potentiel de se connecter aux pouvoirs souverains, mais avec une signification politique de l'action administrative ; une signification politique de l'action administrative qui ne signifie pas une soumission au pouvoir politique, mais plutôt une prise de responsabilité dans la gestion directe des services publics et des *biens communs*. Il s'agit donc d'un droit public fonctionnel à une société de plus en plus chargée d'attentes, de besoins et de conflits. Un droit public qui est à la fois une norme fondamentale de garantie, à opposer aux pouvoirs qui ont l'intention de la violer, et une orientation fondamentale pour l'action future de ces mêmes pouvoirs (M. Fioravanti, 2006).

En laissant de côté la parenthèse du droit public pendant la période fasciste, qui mériterait une réflexion spécifique, la Constitution italienne représente la *fermeture* définitive du droit public avec l'École de la méthode juridique d'Orlando, c'est-à-dire avec la méthode qui incorporait les modèles privatistes d'une administration servant une orientation politique à tendance autoritaire et orientée, conformément aux logiques du libéralisme autoritaire, principalement vers la protection des libertés individuelles et la défense des valeurs et des intérêts de l'État bourgeois.

Comme le notait Mayer, en innovant également la tradition de l'État administratif clos sur lui-même et séparé de la politique, le droit public devait être mis au service de la nouvelle réalité de l'État social, en dépassant le recours continu au droit privé, de toute façon inspiré par les deux piliers de l'État bourgeois-autoritaire : la propriété privée et le contrat.

Cela semble être le sens le plus profond de la Constitution italienne, dans laquelle la fonction du droit public ne vise pas à confondre le cadre politico-constitutionnel avec le cadre administratif-gestionnaire, ni à confondre la dimension publique avec la dimension privée ; il n'y a pas de confusion entre l'État et la société, ni l'intention de créer une confusion entre le modèle socio-centrique et le modèle État-centrique, bien représentés et distincts dans les articles 2 et 3 de la Constitution.

Dans le nouveau droit public *constitutionnel*, selon la vision tridimensionnelle déjà esquissée, il y a plutôt une perception politique et non seulement juridique d'une nécessaire extension progressive des formes publicistes au contexte des relations économiques et patrimoniales. Il s'agit de configurer un modèle qui s'oppose à l'action administrative, comprise selon des schémas formalistes et du droit privé, en l'orientant principalement vers la notion de *bonne gouvernance* de la chose publique.

Il est évident que depuis l'entrée en vigueur de la Constitution, la véritable mission du droit public, ou plutôt la plus profonde, ne sera pas principalement de défendre les libertés individuelles, en restant dans le cadre autorité-liberté, mais de devenir un droit à prestations, avec une forte dimension politique, capable de comprendre les problèmes sociaux.

La *rupture* avec la pensée *pan-publiciste* autoritaire d'inspiration labandienne et, par conséquent, avec la méthode orlandienne est évidente ; en effet, dans ces constructions, un véritable espace juridique public n'était pas configuré. Le droit public avait comme priorité « l'organisation du pouvoir du souverain », et l'on abordait la question des droits subjectifs publics des citoyens uniquement en tant que science étudiant le droit de l'État. En outre, dans cette vision privatiste du droit public, on insistait également sur la gestion patrimoniale et privatiste des services et des biens publics, y compris ceux dits essentiels. Pour Orlando, même dans le domaine de fins éminemment publiques, on pouvait rester dans le domaine du droit commun.

À travers un droit public, donc, au service de l'État et des positions dominantes, mais incapable de percevoir et de réguler des phénomènes à fort impact social, ni de se positionner comme interface entre la politique et l'administration, lorsque le grand thème de la justice sociale et de l'égalité substantielle fait son entrée dans le débat. Un droit public, en revanche, dans la Constitution, qui va même au-delà de l'intuition visionnaire de Santi Romano qui, tout en percevant une société en évolution et l'incapacité conséquente du modèle publiciste orlandien à répondre efficacement aux nouveaux besoins, ne dessine pas entièrement les nouvelles responsabilités auxquelles il doit faire face. Santi Romano, tout en réalisant le danger d'une révolte de la société contre l'État, confie à la théorie du pluralisme et des groupes d'intérêt, plutôt qu'à la fonction sociale du droit public, la résolution des nouveaux conflits (N. Bobbio, 1975).

La *véritable* dimension du droit public est pleinement ressentie lorsque celui-ci montre un intérêt profond pour la politique sociale ; ainsi, au lieu d'une composition d'intérêts diffus et horizontaux, le droit public perçoit et vise à résoudre les injustices, les conflits et les contradictions qui se trouvent dans les relations institutions-société, ainsi qu'au sein de la société elle-même. Plus le conflit social est grave et profond, plus le besoin de droit public se fait sentir, et plus son rôle est valorisé.

On passerait donc d'une approche structurelle à une approche fonctionnelle du droit public, avec la conscience que le premier, plutôt que le second, favorise les contaminations idéologiques, apparemment aseptisées par rapport à la dimension politique. Le droit serait compris comme un moyen d'atteindre des objectifs, même si l'objectif ne doit pas être compris comme un problème historique, mais plutôt comme ayant une importance juridique absolue, car il relève de la sphère de l'effectivité et de l'accès réel au droit.

La Constitution italienne de 1948 se caractérise précisément par sa dimension publiciste, par la vocation fonctionnelle de certaines institutions, telles que l'initiative économique, la propriété, les services publics, visant à l'utilité et à la fonction sociale. Cependant, nous sommes toujours dans le cadre de l'État social, c'est-à-dire d'un capitalisme plus ou moins humanisé, à l'intérieur d'un modèle où des législations sociales ont été mises en place. Le droit public social a néanmoins joué son rôle au sein du modèle capitaliste fondé sur la propriété et le contrat, à l'intérieur duquel des restrictions ont été imposées qui n'ont pas de racines dans une société réellement solidaire. Par conséquent, le droit public social, l'État social et les législations sociales ont compensé la décomposition des communautés de base et de la cohésion sociale fondée sur un sentiment d'appartenance commune et sur le droit des individus à l'autodétermination.

6. L'atteinte à l'effectivité : la non-application des principes constitutionnels et la prolifération de règles subversives

On pourrait donc affirmer que la dimension de la souveraineté étatique, ainsi que la dimension sociale – à partir desquelles nous pourrions déduire des définitions telles que biens communs et biens sociaux plutôt que domaine public et patrimoine indisponible – trouveraient une synthèse parfaite dans la Constitution de 1948. Mais ce cadre qui, comme on le sait, exprimait ou, plus précisément, aurait dû exprimer une orientation politique aux contenus normatifs-prescriptifs, perd progressivement de sa force en termes d'effectivité. Il semble que la matrice juridico-culturelle dominante du droit public dans la Constitution ne parvienne pas, sur le plan législatif-judiciaire, à exprimer tout son potentiel.

La synthèse contenue dans le triptyque bonne gouvernance, qualité de l'administration publique et dimension sociale, précisément exprimée par le droit public, n'arrive pas à s'imposer sur le plan de l'effectivité. La non-réalisation du projet juridique et politico-constitutionnel s'accompagne d'un projet juridiquement subversif, à savoir l'adoption d'un ensemble de règles, certaines étant même de rang constitutionnel ou d'origine communautaire, objectivement en contradiction avec les principes fondamentaux de la République (R.M. Dworkin, 1977).

Je pense, par exemple, à la réforme du titre V de la Constitution avec la configuration, entre autres, d'un prétendu droit public régional, qui n'est pas entièrement en harmonie avec la première partie de la Constitution, ou à une série d'actes et de décisions d'origine communautaire qui ont *mythifié* la concurrence, l'érigeant en principe directeur des politiques publiques, en contradiction avec les parties économiques et sociales de la Constitution italienne. Ainsi, ces règles, en mettant en avant, du point de vue économique et social, la personne à la fois individuellement (atomisme-libéral) et à travers des formations sociales (subsidiarité horizontale), ont en fait remis en cause le cadre publiciste de la Constitution.

7. Processus de réforme : du désarmement du droit public au droit public autoritaire

En Europe, le modèle de l'*État léger*, fortement encouragé et soutenu par le *New Labour* de Blair, reposait sur un désarmement progressif des institutions publiques, jugées « inefficaces et coûteuses » et donc non conformes aux critères financiers de Maastricht (S. Holmes, C.R. Sunstein, 2000). Le *Welfare* devait être remplacé par diverses applications du principe de subsidiarité horizontale (*Workfare*, *Welfare Society*, *Welfare Mix*), des modèles caractérisés par l'implication de la société civile dans la prestation de services publics, même essentiels ; ici, le polycentrisme de la subsidiarité verticale joue également un rôle négatif en fragmentant les responsabilités politiques (A. Lucarelli, 2006).

Ce modèle configure un cadre institutionnel qui repose sur des processus de gouvernance mal définis qui se développent sans fondement juridique prescriptif (règlements, directives), proposant un soi-disant néo-contractualisme (A. Burgio, 2006), affranchi de principes, évoluant dans un enchevêtrement de règles semi-publiques. Un modèle qui contribue au désarmement des institutions publiques, de l'acte public et qui s'oppose objectivement à la formation et à l'émergence d'un droit public européen de l'économie. Un désarmement des institutions classiques du droit public également déterminé par la montée en puissance du pouvoir politique des régions qui, en proposant précisément un douteux *droit public régional*, a non seulement affaibli les autorités centrales, mais a également déclenché un affaiblissement progressif des communes. Cela entraîne une érosion de l'activité des communes, amplifiée par une très forte restriction des transferts de ressources financières.

Un désarmement qui touche précisément les institutions qui avaient historiquement assumé la responsabilité de fournir les services publics et de répondre aux besoins essentiels des citoyens ; un désarmement auquel contribuent des processus de libéralisation et de privatisation insensés, incapables d'influencer les aspects économiques et de production, et capables uniquement d'avoir un impact à court terme sur le secteur financier et boursier.

Un processus qui a touché les institutions publiques, non seulement dans leurs fonctions redistributives ou régulatrices, mais aussi dans leur capacité à satisfaire directement les droits ; un processus qui, notamment depuis les années soixante – également grâce à un rôle précieux joué par le pouvoir judiciaire – a contribué à la formation et à l'évolution de l'État social. On a été confronté à des processus de réforme utilisés de manière subversive pour soutenir des projets politiques, interprétant la Constitution comme une *loi quelconque*. De la grande réforme

Craxi-Amato de la fin des années soixante-dix, aux réformes Bassanini, à la soi-disant Constitution inchangée des années quatre-vingt-dix, à la Commission bicamérale D'Alema, à la réforme du titre V, à la loi constitutionnelle de 2006 – concernant toute la deuxième partie de la Constitution – voulue par le gouvernement Berlusconi et ensuite rejetée par le référendum confirmatif, un processus d'instrumentalisation politique du concept de réforme est en cours, jusqu'à la récente réforme de l'article 81 de la Constitution ; un processus qui semble vouloir reprendre avec une méthode bipartisane mal définie (A. Lucarelli, 2000).

Plus préoccupante encore serait la résurgence d'un droit public autoritaire, menaçant et violent, qui vise à attribuer à l'État la fonction de défenseur de la sécurité et de la propriété privée, totalement irresponsable, voire agressif, à l'égard des conflits sociaux et des nouvelles instances. Cela annule les avancées de l'État démocratique, le faisant régresser à l'État de police de la fin du XIXe siècle, avec un droit public qui lui-même recule de ses responsabilités politiques et administratives, de plus en plus contaminées par les catégories du droit privé.

Les mesures prises par le gouvernement Berlusconi en matière de sécurité et de déchets, d'une part, ont exprimé une intolérance envers toutes les différences en établissant de nouvelles infractions (pensons à l'infraction d'immigration illégale), d'autre part, elles ont militarisé certaines parties du territoire – pour la création de décharges – en limitant les instances participatives et la liberté de réunion, garanties par la Constitution. Par conséquent, le risque est d'annuler le processus de démocratisation qui, grâce à un rôle actif du droit public, avait marqué la transition de l'État de police à l'État démocratique-social.

La crainte est que le désarmement du droit public ne soit le prélude d'un chemin autoritaire et inconstitutionnel, une *vandalisation* des principes constitutionnels – je pense en particulier aux principes d'égalité et de solidarité – par l'action des pouvoirs publics mettant en danger les droits de l'homme.

Je crois fermement que le véritable processus de réforme, le seul capable de faire face aux désarmements et aux régressions autoritaires, est de repartir de la Constitution, même en allant au-delà, en incluant de fait la catégorie des *biens communs* et en accordant davantage d'espace à la démocratie participative. Il faut repartir de tous les principes d'équité et de justice sociale qui n'ont pas encore été mis en œuvre et qui sont négligés quotidiennement. Je suis convaincu que toute la dimension publiciste de la Constitution italienne a été abandonnée et *reléguée au placard*. Le processus de responsabilisation fonctionnelle du droit public, en tant que lieu naturel de rencontre entre la politique, l'administration et la société, fondé sur la Constitution, a été interrompu ; le processus de consolidation de l'État social a été interrompu, remplacé par une institutionnalisation irresponsable et fragmentée, basée sur la convergence du principe de subsidiarité horizontale avec la subsidiarité verticale.

Repartir de la Constitution, pour aller au-delà de la Constitution – sans nécessairement la modifier – en ayant conscience qu'il faut dépasser le binôme capitaliste souveraineté-propriété pour créer un véritable horizon d'émancipation et d'autonomie, et surtout un droit pour les individus à l'autodétermination, sans nier mais en limitant les critères de la démocratie représentative, en tant qu'expression mystificatrice de la réalité.

IV.

Formes et catégories pour un nouveau modèle de démocratie. Biens communs et démocratie participative

1. Crise du droit public-social et recherche de formes et de catégories alternatives

Le processus de démocratisation du droit public et son engagement direct dans les dynamiques économico-sociales sont brusquement interrompus au début des années 1990. Des modèles alternatifs de droit public sont étudiés et envisagés, de plus en plus marqués par une contamination public-privé. Ce processus entraîne une transformation du droit public et son éloignement des principes inspirateurs de la Constitution.

Des processus de transformation du droit public et, plus largement, des responsabilités étatiques se mettent en place, et en présence de la crise économique actuelle, ils ont montré toute leur fragilité et leur iniquité. Il faut donc un effort considérable de réflexion, d'analyse et de proposition ; un effort qui doit être pleinement conscient des changements, des chevauchements et de la réduction du droit public et de toutes ses nouvelles catégories (M.R. Ferrarese, 2006).

Il convient de préciser immédiatement, afin d'éviter des critiques instrumentales, que l'objectif n'est pas d'utiliser la crise comme prétexte pour tout simplement reproposer la forme d'État social qui s'est développée en Europe après la Seconde Guerre mondiale. En effet, il est impensable de reconstruire et de faire ressurgir un droit public qui serait uniquement identifié avec *plus d'État et de propriété publique* ou simplement comme un serviteur de l'État social ; au contraire, il faut reconstruire *intelligemment* sa fonction actuelle, dans un contexte où l'érosion de la souveraineté étatique et la crise des modèles classiques de représentation constituent une donnée incontournable, qui permet d'autant plus de parler de droit public européen de l'économie (A. Lucarelli, 2006) et de droit public régional, voire local (démocratie locale).

Il faut s'efforcer d'imaginer des politiques publiques locales dans un contexte où la démocratie participative, dans ses diverses expressions et manifestations, tend à briser les structures fragiles de la démocratie représentative dans lesquelles les catégories public-privé tendent à se confondre. Il faut s'efforcer d'imaginer, et donc contribuer à construire, un droit public qui exerce sa fonction en présence d'instances qui visent à *abattre* l'application hypocrite du principe de la souveraineté populaire, pivot de la démocratie représentative qui, même sous la forme du droit public social, avait bien caché des inégalités substantielles. Un droit public social toutefois *ancré* dans le capitalisme, dans lequel la valorisation du capital domine la vie, les activités, l'échelle des valeurs et les fins individuelles et sociales.

Le principe de la souveraineté populaire contient un élément de fiction idéologique, car le peuple est différencié en classes et groupes plus petits, porteurs d'intérêts différents et contradictoires, le tout selon une logique d'exclusion et de hiérarchie.

En substance, derrière l'écran de la volonté populaire, se manifestent des volontés particulières de groupes privilégiés, capables d'imposer des orientations et des directives uniquement conformes à leurs intérêts égoïstes (V. Crisafulli, 1985). Il faut donc avoir la volonté de dépasser les fictions idéologiques, le mythe de la souveraineté populaire et de la représentation, afin de permettre à tous les citoyens de concourir concrètement sur un pied d'égalité réciproque effective, et donc avec une autodétermination pleine et consciente dans la formation de la volonté populaire gouvernante. Ainsi, pour parler de participation réelle, au-delà des fictions idéologiques, il est nécessaire que l'autodétermination des citoyens devienne une réalité, seulement dans ce cas la participation pourra s'élever au rang de droit politique et de droit social (J. Habermas, 1980).

Il faut imaginer des politiques publiques locales capables d'interpréter, pour la protection des sujets les plus faibles et vulnérables, la transformation de l'État social, dans un contexte de paupérisation et de détérioration des ressources communes, où le secteur public ne gère plus ses biens propres et où les *biens communs* sont systématiquement mis sur le marché, au profit de quelques-uns.

Dans un contexte où se manifestent des résurgences racistes et xénophobes, stigmatisées par une interprétation et un recours *sécuritaire* et policier du droit public, il faut imaginer des politiques publiques locales réellement participatives, capables d'enrichir et de rendre effectif le principe de la représentation.

Des politiques publiques participatives, expression et garantie des biens d'appartenance collective, capables de faire face à la dégénérescence d'un système institutionnel dans lequel les lieux de représentation comptent de moins en moins et les décisions sont partagées entre les exécutifs et les groupes de pression généralement liés aux intérêts des grandes multinationales. Il faudra parler de gouvernance publique de la participation, dans le cadre de laquelle confier aux politiques locales la dimension sociale, c'est-à-dire l'entrelacement dynamique entre les droits de participation et la nécessité d'affirmer les droits fondamentaux.

On imagine des politiques publiques locales (démocraties locales) capables de faire vivre la formule contenue dans l'article 1 de la Constitution, qui semble encore aujourd'hui une simple formule décorative, dépourvue de développements cohérents et donc abstraite, capables de faire face et de se poser en alternative « à l'organisation sociale stable et hiérarchique, garantie non pas par des privilèges féodaux, mais certainement par la propriété et la culture » (J. Habermas, 1980, p. 11).

Dans ce contexte de fragmentation de l'intérêt public et de privatisation des biens d'appartenance collective (*biens communs*), des biens publics, des biens sociaux, le plus souvent réalisé par l'irresponsabilité de l'entité publique, il est nécessaire de construire une nouvelle forme de droit public capable de *lire* les nouvelles catégories juridiques, économiques et sociales, au point d'aller au-delà de la relation *dominus*-bien, ou en tout cas capable de la représenter dans des conditions différentes. Il est nécessaire d'imaginer une nouvelle forme de droit public qui protège et valorise les biens fonctionnels à la protection effective des droits fondamentaux, tels que les biens d'appartenance collective et sociale, en dépassant les dichotomies public-privé et propriété (titularité)-gestion. Mais pour atteindre ces objectifs, il faut un droit public capable de diriger ses fonctions au-delà du public et de gouverner et de gérer les catégories des *biens communs* et de la démocratie participative.

2. Les biens communs et les fondements d'une théorie juridique

La transformation de l'État social (ou crise), la détérioration progressive et l'appauvrissement des ressources communes, la *privatisation* des biens publics (cession et gestion privatiste) et l'affaiblissement consécutif des droits fondamentaux qui y sont attachés rendent nécessaire une réflexion juridique sur les *biens communs* ou ressources communes, à mener dans le cadre d'un contexte politico-institutionnel, capable d'établir des principes et des règles.

Tant que l'État gérait les biens publics de sa propriété, limitant le recours à l'institution de la concession pour les biens domaniaux (gestion) et empêchant les processus de privatisation faciles (circulation), il n'était pas immédiatement nécessaire de distinguer les *biens communs* des biens publics.

Le problème s'aggrave lorsque la gestion *passe* progressivement à des entités privées ou mixtes (par le biais de concessions, d'appels d'offres, d'attributions, de processus de dédomanialisation), et aux institutions publiques il ne reste que la simple titularité du bien. Il s'agit d'une transition relativement simple du public au privé qui met en évidence toutes les limites de la logique propriétaire pour défendre les droits d'appartenance collective sur les *biens communs.*

La perception et la conscience de la faiblesse de la propriété publique – y compris dans sa dimension constitutionnelle – pour garantir la protection des droits fondamentaux selon des critères de solidarité et d'égalité, poussent à la création d'une nouvelle catégorie juridique, celle des *biens communs*. Dans son application et sa gestion, cette catégorie sous-tend un nouveau modèle de démocratie, alternatif aux logiques de représentation et à la dichotomie public-privé. Il faut des actes forts de discontinuité, le temps des réformes est révolu, il a même sombré dans un système constitutionnel fondé sur les logiques du capital.

Il est nécessaire d'envisager la construction d'une théorie juridique relative aux *biens communs*, étroitement liée à la satisfaction des droits fondamentaux et aux nouveaux modèles de démocratie : au-delà de la souveraineté et de la représentation autoritaires.

La réflexion part d'une considération, à savoir que, pour le moment, les *biens communs*, en tant que catégorie juridique, ne sont pas présents dans l'ordre juridique italien, à l'exception de quelques références au niveau local et d'autres de nature jurisprudentielle (Cour de cassation, arrêt n° 3665 du 14 février 2011). Il s'agit plutôt d'une notion philosophique, *méta-juridique*, dérivée de l'économie, bien que, comme nous le verrons plus loin, d'un point de vue historique, il soit possible de trouver des traces dans le système juridique romain (P. Maddalena, 2011).

C'est une notion qui fait l'objet de débats depuis quelques années sur le plan politique, avec un fort impact populiste et démagogique ; une notion de plus en plus prise dans la tension dichotomique État-société ; biens publics-biens privés ; services publics-concurrence ; intérêts publics-intérêts privés ; bénéfices-profits. Il s'agit donc d'une question qui a retrouvé toute sa vitalité à l'ère de la mondialisation et de la privatisation des services publics, à laquelle est attaché le principe de la protection effective des droits fondamentaux et la réinterprétation du binôme souveraineté-représentation.

De plus, l'émergence de processus impulsés par le principe de subsidiarité verticale et les nouvelles compétences des communes et des régions ont accentué les aspects critiques, contribuant à fragmenter la gouvernance et la gestion de ces biens, qui par leur nature exigent – tout en respectant les identités locales – une homogénéité (pour éviter les processus faciles de communautarisme), précisément parce qu'ils visent à protéger les droits fondamentaux et, plus largement, à un nouveau modèle de démocratie.

L'ambition est de placer la centralité des droits fondamentaux dans le cadre de la gouvernance des *biens communs*, de ramener le bien, plutôt qu'au domaine, au droit, dans le respect de principes tels que la cohésion économique et sociale, la durabilité environnementale, le service universel, la justice sociale, en ayant conscience de raisonner sur des terrains mouvants et glissants, sur des institutions et des catégories en construction, sur des biens de plus en plus soumis, compte tenu de leur appauvrissement et de la demande croissante, à la convoitise des marchés financiers et des grandes multinationales (A. Lucarelli, 2003a).

Bref, ce que l'un des plus grands juristes du XXe siècle, Salvatore Pugliatti, affirmait dans les années 1960, à savoir que : « la distinction entre *res in commercio* et *res extra commercium* a perdu de son importance », doit être réexaminé et repensé (S. Pugliatti, 1962, p. 28). Il convient, au contraire, de repartir précisément de la distinction entre *res in commercio* et *res extra commercium*, afin de souligner la distinction entre les biens publics et les *biens communs*, en considérant les premiers – bien qu'ils soient publics – désormais inclus, au même titre que les biens privés, dans la logique du marché. Le problème de la dimension marchande du domaine avec toute sa force.

Les *res extra commercium*, ne pouvant plus être considérées comme des biens illimités et inépuisables, deviennent de plus en plus des biens au sens juridique du terme, et donc l'objet de désir d'appropriation et de gestion marchande, d'autant plus s'ils sont l'expression de monopoles naturels. Cela accroît la responsabilité des institutions publiques, non en tant que propriétaires du bien, mais en tant que gardiens des intérêts généraux et des valeurs éthico-sociales liées à la protection du bien lui-même, et donc en tant que sujets responsables envers les générations futures (R. Bifulco, 2008).

Pour construire une notion juridique des *biens communs*, il faut partir d'une vision universaliste des droits (au-delà du peuple, du territoire et du gouvernement) pour aboutir et s'ancrer à des règles certaines sur le plan de l'effectivité. Il est nécessaire de fixer (dans le sens de *trouver et non de prouver*) des valeurs-principes-règles pour objectiver, sur le plan de l'effectivité, certains principes qui visent – en établissant un lien fonctionnel entre le bien et ses fonctions – à la survie et à la coexistence.

Un seul ordre juridique *altermondialiste* qui naît d'en bas, fruit de conflits et de différentes instances sociales et de différentes subjectivités, qui contribue à la configuration de la quatrième dimension du droit public affranchie du binôme autoritaire souveraineté-propriété, au-delà de la dimension sociale.

Il est donc proposé de partir de l'identification d'un cadre de principes et de la nature du droit, plutôt que de l'identification du bien – un processus par ailleurs extrêmement complexe (E. Ostrom, 1990) – pour identifier le *bien commun*. Nous partirons de principes généraux, tels que la cohésion économico-sociale et territoriale, de droits fondamentaux, c'est-à-dire de l'universalisation des droits, pour ensuite *passer*, par le biais de décisions politiques – des processus typiques du droit positif – et de conflits sociaux, à la protection de la personne à la fois en tant qu'individu moral et social, allant au-delà de la dimension hégémonique de la subjectivité.

Cependant, cette thèse est présentée avec la conscience qu'il faut passer de la simple reconnaissance aux garanties, à l'objectivité, à la protection effective des droits ; conscients que la protection effective risque d'être compromise par le transfert de droits exclusifs sur le bien (pensons à la concession) ou par la reconnaissance de situations de fait, de possession et de gestion (pensons à la gestion des ressources en eau ou, plus largement, des services publics essentiels, à travers des institutions privatistes telles que les *holdings* et les sociétés commerciales), ou pire encore par des processus de dédomanialisation « rapides ».

La dimension sociale, même dans ses aspects physiologiques, s'étant développée dans le cadre d'un modèle de démocratie basé uniquement sur la représentation et le régime de propriété, n'a pas eu la force d'empêcher l'émergence de processus hégémoniques et individualistes, fondés sur le pillage des biens d'appartenance collective.

Les *biens communs* sont des biens qui, au-delà de la propriété qui est généralement de l'État ou en tout cas des institutions publiques, servent, par vocation naturelle et économique, l'intérêt social, en tant que biens d'appartenance collective, non pas au service immédiat de l'administration publique, mais des citoyens eux-mêmes (A.M. Sandulli, 1959).

Il s'agit de biens destinés à un usage commun, auxquels tout le monde est admis indistinctement, sans avoir besoin d'un acte administratif particulier ; en fait, ce sont des biens qui ne seraient pas, physiologiquement, l'objet de concessions ni d'appels d'offres pour la gestion. Les *biens communs* sont normalement définis par la science du droit administratif en tant que biens de propriété collective (M. Arsì, 2003), bien que la définition de biens collectifs de Giannini soit préférable (M.S. Giannini, 1993), précisément parce qu'ils sont par nature étrangers à la logique marchande du régime propriétaire. Plus que le titre de propriété (public ou privé), ce qui importe, c'est la fonction et l'identification des droits ; la situation de fait est plus importante que le titre formel pour la protection effective du droit, notamment la phase de possession (accès et jouissance) et la phase de gestion, que le titre de propriété du bien (L. Capogrossi Colognesi, 1988). L'identification des *biens communs par le bas*, c'est-à-dire à travers les pratiques, les conflits sociaux et surtout à travers la perception répandue selon laquelle ce bien doit répondre à des besoins collectifs. Il ne pourra jamais s'agir d'une catégorie de produits définissable abstraitement *d'en haut*.

On n'est pas en présence, de fait, d'un bien domanial ou patrimonial de l'État, ou en tout cas d'un bien pouvant être attribué à l'institution publique, mais on est en présence d'une *res communis omnium*, qui, au-delà du titre de propriété, est caractérisée par une destination à des fins d'utilité générale ; il s'agit d'un bien orienté vers la réalisation de la cohésion économico-sociale et territoriale et vers la satisfaction des droits fondamentaux. Il s'agit donc de biens que le public ne peut disposer et orienter que pour satisfaire des besoins collectifs et des droits fondamentaux (limites de l'institution de la concession et des processus de dédomanialisation).

Nous évoluons donc dans une dimension qui oscille comme un *pendule* entre droits et biens, où l'existence d'un contenu minimum de droit naturel n'est pas une condition inhérente à la définition du système juridique, mais une condition inhérente à son bon fonctionnement (H.L.A. Hart, 1958). L'existence d'un contenu minimum de droit naturel (droit de la collectivité à l'accès et à la jouissance des biens communs) témoigne, en plus d'indiquer la bonne qualité du système juridique, de l'adhésion spontanée et large des citoyens au système juridique, garantissant à son tour la stabilité du système lui-même.

L'adhésion à un contenu minimum de droit naturel décline également le principe de responsabilité juridique envers les générations futures et n'implique aucune violation du principe de séparation entre le droit et la morale (R. Bifulco, 2002).

Cette manière de raisonner ne violerait pas le principe de Hume du sophisme naturaliste, c'est-à-dire l'erreur logique consistant à déduire une conséquence normative d'une prémisse factuelle ; en effet, l'idée du contenu minimum du droit naturel s'inspire *uniquement* de l'idée de survie et de coexistence, et non d'une idée hégémonique et autoritaire d'institutions et de catégories descendues d'en haut.

L'idée n'est pas celle du jusnaturalisme classique visant à établir des valeurs, au contraire, dans notre cas, il ne s'agit pas d'établir des valeurs, mais de déduire des conclusions, c'est-à-dire de *trouver* et non de *prouver* les règles de la morale. En substance, le jugement de valeur consisterait à affirmer et à accepter que la survie et la coexistence (également liées à l'accès et à la jouissance des biens communs) sont des biens absolus.

Des valeurs à partir desquelles découlent des droits fondamentaux qui, pour être effectivement protégés, selon les principes de la justice sociale, doivent être gérés par des politiques publiques adéquates – nationales et locales – et ramenés à la catégorie juridique des *biens communs*, à un modèle alternatif de démocratie qui déconstruit la dimension autoritaire de la souveraineté, la *désindividualise* et la déplace vers la multitude.

Dans ce sens, l'objectif le plus ambitieux, certainement non réalisable ici, est de configurer une théorie dite mixte, et de définir une catégorie qui déconstruise (ou, mieux, commence le processus de déconstruction) les thèmes classiques des sciences juridiques, tels que la souveraineté, la propriété, la notion d'intérêt général, les institutions participatives ; une notion qui exerce une influence directe sur la jouissance et la gestion du *bien commun*, c'est-à-dire qui a un impact direct sur la protection effective des droits fondamentaux.

Il s'agit de biens qu'on ne peut exclure, ni soustraire (V. et E. Ostrom, 1977), car, dans une logique de cohésion économique et sociale, ils sont orientés vers la satisfaction des droits fondamentaux. Les recherches empiriques menées par Ostrom, fondées sur le principe de collaboration et de participation de la communauté concernée, ont montré que dans de nombreux cas, les utilisateurs directs des ressources sont capables d'élaborer de manière autonome des institutions de gestion efficace, garantissant la durabilité de l'utilisation au fil du temps (G. Bravo, 2002). Les institutions publiques doivent *seulement* veiller à éviter les phénomènes corporatifs de *lobbying* ou de confusionnisme social, et garantir l'impartialité et l'inclusivité des processus et des acteurs. L'entité publique doit exercer un minimum de pouvoir essentiel pour garantir que les communautés concernées, qui accèdent aux biens pour satisfaire leurs besoins, n'adoptent pas au fil du temps des comportements exclusifs typiques du régime propriétaire.

Dans ce sens, les principes de subsidiarité horizontale et verticale, l'action d'entités privées pour la poursuite d'intérêts généraux et le rôle de plus en plus actif des administrations locales ne doivent pas conduire à un désarmement fonctionnel et de responsabilité de la part de l'État. Il faut éviter, tout en respectant et en valorisant les expériences locales, l'émergence de microsystèmes de gouvernance des *biens communs*, même heureux et efficaces, qui risquent cependant de mettre en péril le principe d'égalité par le biais d'une fragmentation accélérée de la protection des droits. Les expériences locales vertueuses de jouissance des biens communs doivent progressivement revêtir une portée « universelle », précisément car il s'agit de droits fondamentaux.

Le risque est que des politiques de plus en plus axées sur des réseaux pluriels de groupes d'intérêts puissent se mettre en place (M. Calise, 2000), qui semblent favoriser le développement de véritables ordres autour desquels les sociétés politiques se réorganisent (V.E. Parsi, 1998) ; des politiques publiques à forte dimension politique qui entraînent la prétendue dissémination des intérêts corporatifs (L. Ornaghi, 1984).

La responsabilité politique céderait la place à la responsabilité de résultat, c'est-à-dire à des processus fondés sur une légitimité orientée vers le résultat (*output legitimacy*), un modèle de type fonctionnel lié aux moments de formulation et de mise en œuvre des *policiers*, qui lient leur succès principalement à la capacité des acteurs impliqués, aux procédures d'autorégulation et à la libre négociation entre les intérêts (*Minimal State*). S'impose ainsi la nécessité d'un rôle de l'entité publique qui doit veiller à ce que les égoïsmes et les protagonismes des plus forts ne l'emportent pas sur les droits diffus de la collectivité, à travers des comportements violents et exclusifs.

La gouvernance mixte public-privé (où le public joue uniquement un rôle de garant de l'inclusivité et de l'impartialité, surtout pour protéger les droits des générations futures) représente une tentative de gérer les changements et les conflits en cours, en médiant entre les intérêts qui, de fait, affaiblissent la sphère politique en faveur d'une *policy* articulée principalement autour du *problem-solving*, de la régulation et de la négociation. Cependant, elle ne peut se substituer aux acteurs *démocratiquement* légitimés à la détermination des politiques publiques. La démocratie participative vise à enrichir la représentation, en particulier à démystifier le concept de souveraineté, mais on ne l'imagine pas comme une forme absolue et alternative.

L'action de la gouvernance, de la part de la collectivité, en particulier en ce qui concerne la gouvernance et la gestion des *biens communs*, peut être une impulsion, un moyen de contrôle, et elle peut contribuer, par la participation, à améliorer la qualité des politiques publiques, mais elle ne peut pas se substituer aux processus décisionnels. Il n'est pas possible d'ouvrir la porte à un processus de néo-féodalisation, au sein duquel la gouvernance, avec son lot d'ambiguïtés, tendrait à mélanger des idées et des concepts tels que la subsidiarité, le constitutionnalisme multiniveaux, la participation politique et la légitimité démocratique (A. Arienzo, 2005).

La gouvernance des *biens communs*, y compris par le biais de la participation de la citoyenneté active, doit être réalisée par l'adoption de politiques publiques responsables que les institutions devraient mettre en place, non pas sous le titre de propriété ancestral, mais en tant que gardiens du concept plus large d'intérêt général. La jouissance des *biens communs*, selon une logique fondée sur l'inclusivité, devra s'exprimer à travers les catégories de l'accessibilité (fonction du bien par rapport à la jouissance des droits collectifs), plutôt que sur les pratiques propriétaires des attributions.

La gouvernance publique des *biens communs* ne doit pas être identifiée à la propriété publique : la nature du droit doit prévaloir sur la nature juridique du bien, et les citoyens devraient s'intégrer dans les processus de gouvernance, à travers une relation politique et sociale, plutôt qu'économique et marchande (U. Cerroni, 1960). En substance, il faudrait accorder de l'importance au sujet titulaire de droits dans sa dimension d'*homo civicus*, plutôt qu'au bien, à la chose, expression d'une simple valeur économique.

Dans cette dimension juridico-institutionnelle, l'action de l'État est exercée, tantôt en tant que gestionnaire, tantôt en tant que régulateur, tantôt en tant que contrôleur, mais toujours orientée vers l'utilité publique, toujours en vue d'éviter la dégénérescence de l'*homo civicus en homo economicus* (C. Laval, 2007).

Il n'est pas possible de réduire la théorie des *biens communs* à la stricte relation entre le titre de propriété et le bien : il faut aller plus loin !

L'analyse des *biens communs* devrait donc être déracinée de la relation classique qui lie le *dominus* au bien et développée selon une perspective universaliste et fonctionnelle, étant médiatisée par l'adoption de politiques publiques spécifiques. Gouverner les *biens communs*, en particulier les ressources naturelles, impose une perspective universaliste, selon laquelle le sujet titulaire du droit de jouir des *biens communs* est l'humanité dans son ensemble, conçue comme un ensemble d'individus égaux.

Le *dominus* se transforme de sujet individuel en sujet universel, collectif. Cependant, la perspective universaliste doit être atténuée par un processus de positivisation du droit naturel, d'objectivation de certaines valeurs enracinées dans des principes : dans le droit public international et dans les constitutions individuelles. En substance, il faut définir un processus d'intégration constitutionnaliste de certaines valeurs ;

un processus politique d'objectivation de valeurs qui atténue l'absolutisme exclusif et antipluraliste de la pensée jusnaturaliste orthodoxe ou même de l'historicisme lui-même. Le modèle autour duquel cette réflexion s'articule vise à configurer un *continuum* entre les valeurs, les principes, la décision politique, la règle juridique, l'effectivité et la participation (U. Scarpelli, 1997).

Par rapport au monde connu, par rapport à l'universel, il est nécessaire de s'engager afin de réaliser une structure de normes et de valeurs générales (R.M. Hare, 1987) ; l'engagement et l'effort intellectuel doivent viser à procéder démocratiquement vers la prescriptivité de l'universel, qui évidemment, dans son parcours d'objectivation, revêt les caractéristiques de ce que l'on pourrait appeler le droit naturel laïc.

Les institutions publiques, suivant les voies tracées par les principes universels, gèrent – lorsqu'il s'agit de propriété publique – avec une méthode participative, les *biens communs*, en tant que gardiens d'intérêts généraux, non en tant que propriétaires. Les institutions publiques détiennent un pouvoir de disposition limité sur le bien qui, sauf exception, ne permet pas de l'orienter vers le marché, par le biais de gestions de nature privatiste. L'éradication de l'institution de la propriété renforcerait, du point de vue fonctionnel, la dimension publiciste dans la gouvernance des *biens communs*, en excluant les processus de dédomanialisation et en limitant le recours à l'institution de la concession.

Il faut donc avoir le courage de se détacher de la notion de propriété, de la domination solitaire de la relation juridique pure (P. Grossi, 1977). Il faut se détacher de la propriété en tant que *facultas moralis*, qui confère, selon des logiques non inclusives, et par sa nature individuelle, la suprématie morale et politique sur le bien.

À la base du *bien commun*, il y a donc la primauté de la fonction sociale sur le titre, la primauté de la position juridique subjective sur le bien, la primauté de l'ordre phénoménal et social sur l'individu. Plusieurs sujets sont conscients qu'ils ne peuvent pas exercer de droits individuels exclusifs et ne se rapportent pas à un bien en commun en compétition avec les autres, où l'intérêt général cède devant le droit de propriété (conception individualiste du droit romain).

Les institutions doivent traiter le bien en ayant conscience qu'il doit être gouverné dans l'intérêt général ; le principe de cohésion prend le pas sur les droits individuels. En ce sens, les *biens communs* peuvent être utilisés, mais pas possédés exclusivement par un sujet, même public. Les institutions publiques sont tenues de servir les *biens communs*, en tant que biens propres des citoyens ; elles sont responsables de la gouvernance des *biens communs*, en proportion de leur pouvoir, qui représente la fondation perpétuelle de l'État social (B. de Jouvenel, 1971), d'un État toujours en construction et toujours en voie de dissolution.

La dissociation de l'appartenance du bien (appartenance universelle) du titre de propriété (propriété publique) éviterait ce phénomène qui a été qualifié de l'*abus de droit* dans la doctrine ; la conversion du droit subjectif (droit de propriété) en fonction (socio-économique) du bien ouvre la voie au contrôle de l'exercice du droit et de l'abus éventuel (P. Rescigno, 1965).

L'abus du droit de propriété constituerait une agression contre cette table de valeurs universelles, objectivées par le droit public international, les Constitutions, et éventuellement par la législation de rang primaire ; il représenterait une atteinte à ces valeurs suprêmes *trouvées* et aux droits fondamentaux qui en découlent.

Dans cette perspective, la propriété, même si elle est publique, devrait *céder* devant les droits diffus de la communauté, le bien (commun) est tel, au-delà de l'existence d'un sujet titulaire du droit de propriété (A. Pino, 1948).

Ce qui est proposé est donc un modèle mixte, qui se base sur un cadre universaliste-laïque (ou droit naturel laïque), qui, sur le plan de l'effectivité, a besoin de l'apport juspositiviste, c'est-à-dire de choix de politique publique précis, à discrétion et souveraineté limitée. Les politiques publiques doivent garantir les caractéristiques des *biens communs* et leur intégrité dans l'intérêt des générations futures, dans l'intérêt de la survie et de la coexistence.

On pourrait alors réfléchir à une hypothèse de modification de la Constitution afin de reconnaître et de garantir les *biens communs*, au-delà de la contrainte imposée par la discipline sous-jacente à la relation propriétaire.

On pourrait également envisager la modification des articles 822 et suivants du Code civil, relatifs à la propriété publique, désormais anachroniques, et réfléchir à l'idée d'insérer dans le Code civil la notion de *bien commun*.

Sur la base d'une reconnaissance constitutionnelle, par le biais de la modification de l'article 42 de la Constitution, et d'une modification du Code civil, qui objectiveraient la dimension universaliste, il faut envisager une loi générale de l'État, et éventuellement sectorielle, qui régit les *biens communs*, les droits fondamentaux et les services publics essentiels qui en découlent. Encore plus après la victoire référendaire des 12-13 juin 2011 contre la privatisation forcée des services publics locaux et le récent arrêt de la Cour constitutionnelle n° 199 de 2012 qui a reconnu la contrainte référendaire, annulant la norme qui avait tenté de nier le résultat du référendum, il est nécessaire que le Parlement, sous l'impulsion de la démocratie participative, adopte une loi sur les *biens communs* et les services publics locaux, dont la priorité *première* est la protection des droits fondamentaux.

Il faut éviter, dans le respect des différences, les excès de localisme et de régionalisme ; il faut éviter la réalisation de nombreux gouvernements des *biens communs*, qui contribueraient à fragmenter davantage la protection des droits fondamentaux (D. Mone, 2012). Ce serait une erreur impardonnable et irréparable, pour laquelle nous serions tous appelés à rendre des comptes aux générations futures.

Rappelons-nous que l'efficacité et la qualité dans la gouvernance des *biens communs* signifient la protection de la santé, de l'environnement, de l'emploi, dans le respect des principes de la dignité, de la justice sociale et de la solidarité.

Rappelons-nous que la gouvernance des *biens communs* n'a pas pour objectif de générer des profits, mais *seulement* de garantir la protection des droits fondamentaux grâce à la qualité des politiques publiques.

3. Pratiques sociales et instances participatives

Dans cette perspective de transformation du droit public social, semblent se manifester les phénomènes participatifs par lesquels on tente d'orienter les choix publics vers des formes conservatrices de biens considérés comme essentiels à la satisfaction des besoins fondamentaux de l'existence, en les soustrayant au processus de détournement tendanciel vers des formes de gestion exclues de leur destination initiale. Si ce sont là quelques-uns des signaux enregistrés sur le front social, exprimant les instances d'une citoyenneté alertée par les tentatives répétées de soustraire au secteur public, et donc aux citoyens, des biens dont la disponibilité est fonctionnelle à l'effectivité des droits fondamentaux, la question a été abordée à plusieurs reprises, sous un autre angle, afin de consolider le régime qui devrait régir ces biens, d'un point de vue juridique. Il s'agit d'une tentative particulièrement intéressante qui découle d'une vision critique du régime traditionnel des biens publics, manifestement dépassé à certains égards et de toute façon insuffisant pour contrer les opérations de vente et de transfert des biens publics à la satisfaction totale des besoins de profit. En réalité, la Commission Rodotà est allée bien au-delà de la mise en évidence des lacunes du régime civiliste des biens publics, en configurant une catégorie *distincte* de celle des biens publics, à savoir la catégorie des *biens communs*, dont la titularité devrait être attribuée à la collectivité et dont la discipline devrait reposer sur certains principes fondamentaux qui renvoient essentiellement à l'idée de leur indisponibilité de fond, précisément parce qu'ils constituent le bagage essentiel et inamovible pour satisfaire les besoins primaires de tout individu.

4. Au-delà du droit public social : la vitalité actuelle des articles 43 et 46 de la Constitution

Aller au-delà du droit public social, ancré dans les dichotomies dépassées démocratie représentative-démocratie participative et propriété publique-propriété privée, ainsi que dans la mystification de la souveraineté populaire, signifie, avant tout, avoir la force et la volonté de compléter et d'élargir, le cas échéant, le processus de démocratisation de la Constitution sur le plan de l'effectivité.

Comme l'écrivait Calamandrei, la véritable grande réforme consiste à faire vivre les parties de la Constitution italienne encore inappliquées et violées ; mais la véritable révolution consiste à considérer les *biens communs* non seulement comme une satisfaction des intérêts du *dominus*, mais surtout comme leur capacité à étendre les domaines d'utilité collective, à garantir des droits fondamentaux, à sauvegarder les droits des générations futures.

Dans la Constitution italienne, la relation fonctionnelle bien-droits fondamentaux a été ignorée, ou superficiellement abordée ; il faut au contraire repartir de cette relation en ayant conscience que la protection des droits fondamentaux est étroitement liée à la gouvernance des *biens communs*, des biens souverains, des biens sociaux, au-delà de la nature juridique de la propriété, qu'elle soit collective, publique ou privée (A. Lucarelli, 2010). Il faut prendre conscience de la nécessité d'aller *au-delà* du régime propriétaire tel que défini dans la Constitution, avec une perspective tournée vers le droit des générations futures et jamais anthropocentrique.

Il est nécessaire d'avoir une claire conscience de la volonté de construire un véritable droit public (ou véritablement démocratique), capable de contenir les abus de l'entité publique (appelé abus de droit) et ses tendances affairistes à l'égard des biens d'appartenance collective ou publique ; un droit public qui, en ce qui concerne la gestion des *biens communs* et des biens sociaux, strictement fonctionnels à la satisfaction des droits sociaux et non orientés vers le marché et le profit, sait attribuer à l'entité publique les responsabilités de gestion et de contrôle appropriées, dans une perspective d'autolimitation de la souveraineté et du pouvoir discrétionnaire (A. Lucarelli, 2007b).

La *descente* de l'entité publique dans l'arène marchande, à travers des sociétés anonymes publiques ou mixtes, à travers des actes de plus en plus contaminés par le droit privé et des sociétés, et à travers des choix qui ont orienté les services et les biens publics vers le profit, a contourné cette partie de la Constitution qui considérait réellement l'État comme l'expression et l'instrument de la collectivité et non de groupes particuliers. Cela a généré un diabolique mélange public-privé, rendant difficile l'identification des responsabilités mutuelles, déplaçant dans des zones grises la poursuite des intérêts publics et généraux et favorisant des phénomènes d'illégalité dans l'administration publique.

En substance, il faut réfléchir à la construction d'un droit public capable de s'adapter à la nouvelle catégorie des *biens communs*, aux nouvelles catégories de participation, à de nouveaux modèles de démocratie, à de nouvelles subjectivités politiques, et qui ramène les biens et les services publics essentiels à la protection effective des droits fondamentaux. Un droit public qui sait se détacher définitivement de ceux qui soutiennent que la démocratie représentative est la seule forme de démocratie fidèle à la constitution, ne reconnaissant pas une dignité autonome aux instruments de la démocratie directe et participative. Une vision qui a entraîné la dégénérescence de la forme de gouvernement parlementaire en un parlementarisme de « cooptés ».

Un droit public qui, également en conformité avec les articles 43 et 46 de la Constitution, peut constituer la *Grundnorm* de la gouvernance publique participative (S. Lieto, 2011c), sait réaffirmer le *grand* discours sur les biens sociaux et son impact sur les droits, ainsi que sur les aspects liés à l'emploi (A. Lucarelli, 2006), qui retrouve un rôle central dans la direction et la gestion dans de secteurs d'intérêt social primordial, tels que le travail, l'éducation, le logement, la santé, l'environnement, la sécurité sociale, la formation professionnelle, les transports, l'urbanisme, la protection des sols.

5. Le droit public participatif au-delà des catégories participatives traditionnelles

On ressent la nécessité d'un droit public capable de gouverner et de gérer les nouvelles catégories participatives, les nouvelles instances de la société en matière de participation, qui vont bien au-delà des *anciennes* catégories participatives, enfermées essentiellement dans des partis, des syndicats ou des associations représentatives, marquées par un néocorporatisme ou un solidarisme communautariste tendanciellement égoïste et exclusif.

Un droit public bien conscient de la nouvelle et vaste diversité des comités, des mouvements, des associations représentant des intérêts généraux et antagonistes qui, bien au-delà des catégories de *stakeholders*, cherchent une place dans la détermination des processus décisionnels.

Envisager un droit public participatif signifie avant tout revoir la dynamique des processus décisionnels et éviter que des phénomènes participatifs ne se transforment en processus de cooptation, ou en applications ambiguës du principe de subsidiarité, conçu comme un outil pour *décharger* sur les citoyens les responsabilités publiques de la gestion des services publics. Un principe qui, au-delà de la vocation proclamée de solidarité, tendrait intrinsèquement à générer des formes d'inégalité, y compris en ce qui concerne les territoires concernés (E. Ostrom, 1990). Dans ce sens, aller au-delà du droit public social signifie, avant tout, éviter que la participation aux processus d'instruction, de décision et de contrôle ne soit le domaine et le monopole de petits groupes liés aux partis et aux syndicats, ou pire encore, qu'elle ne serve uniquement à cacher d'autres intérêts. Mais cette nouvelle forme de droit public social-participatif ne peut pas ignorer la nouvelle et explosive catégorie de la *cyberdémocratie*, c'est-à-dire l'émergence de nouveaux espaces publics où chacun peut exprimer son opinion en ligne, avec la création permanente et continue de forums et de groupes de discussion qui échappent aux barrières politiques et géographiques traditionnelles (P. Levy, 2008). De nouveaux modèles solidaires tels que le *Welfare Mix* ou la *Welfare Society*, qui, après la réforme constitutionnelle de 2001, trouvent leur fondement dans le principe de subsidiarité, remettent progressivement en question l'effectivité de l'obligation de service universel, générant des discriminations, des inégalités et des fragmentations sociales (L. Antonini, 2000).

Des modèles dans lesquels le principe d'égalité substantielle céderait devant le principe de subsidiarité horizontale, fondé sur la spontanéité de l'action individuelle, configurant ce que Bauman a défini « agir solidaire dans son propre intérêt » (K. Bayertz, 2002, p. 8) ou solidarité communautaire (P. Portinaro, 2002), c'est-à-dire la solidarité de groupe en faveur de certains, qui est souvent aussi une solidarité contre d'autres. La valeur réelle de la dimension sociale serait mise en mesure de concurrencer le marché, remettant en cause l'existence même des droits sociaux.

Il faut donc faire face à l'idée que l'État social puisse épuiser sa légitimité dans le principe de subsidiarité, en tant que principe tendanciellement alternatif et antinomique au principe d'égalité, au point de remettre en question son effectivité (A. Lucarelli, 2004).

Imaginer donc un nouveau droit public, avec des bases plus flexibles et moins certaines que par le passé, parfois même en contradiction avec les bases exprimées et consolidées par le droit positif en vigueur, mais avec des principes clairement identifiés et déterminés, des principes qui seront difficilement limités et confinés à l'intérieur d'un ordre juridique déterminé, de manière à englober les deux nouvelles grandes catégories juridiques du XXIe siècle : les *biens communs* et la participation diffuse et libre, contre les formes de participation structurées et lobbyistes.

Des principes qui remettent en question le rôle de l'État, ou plus largement de l'entité publique, y compris par le biais de processus de déconstruction, qui lient la protection effective des droits fondamentaux aux biens d'appartenance collective ou sociale ; qui remettent en question les fictions idéologiques de la représentation et de la souveraineté, en s'ouvrant à la grande frontière des nouveaux modèles de participation.

Dans ce sens, la configuration de ces modèles signifie vouloir nier la notion de participation telle qu'elle a été générée et gouvernée par l'État bourgeois, mais cela signifie aussi aller au-delà de la participation qui a caractérisé l'évolution de l'État social, qui a tenté de la coopter et de la canaliser dans des systèmes corporatistes pour ses propres fins, sans jamais tenter un véritable processus d'autodétermination de la participation.

Une nouvelle forme de droit public devrait avoir clairement à l'esprit que le droit de participation, en tant que droit englobant les diverses instances participatives, ne peut pas passer outre une information véritable et libre et un processus conséquent de formation permanente.

L'affirmation et l'extension de la notion de *bien commun* devrait faciliter ce processus de démocratisation fonctionnelle du droit de participation, en ayant conscience que le citoyen se sent de plus en plus impliqué dans la gestion de biens d'appartenance collective (*biens communs*).

6. Nouvelles formes de droit public

On s'interroge donc sur les nouvelles instances participatives, sur la nouvelle relation participation-représentation, sur les dimensions de l'effectivité, sur les nouvelles catégories juridiques, telles que les *biens communs* et les biens sociaux-participatifs, qui remettent en question la vieille dichotomie public-privé, sur la nouvelle notion de citoyenneté, liée aux droits des migrants.

Une révision du concept d'espace public, qui ne délègue pas tout à l'entité publique, mais au contraire, pour éviter ses abus, implique le citoyen en tant qu'acteur et non en tant que simple spectateur, à travers ce que nous avons appelé le *processus d'autodétermination de la participation*, ou encore le droit à la participation, c'est-à-dire un droit-instrument pour affirmer les droits fondamentaux (S. Lieto, 2011b).

En substance, un droit public enraciné dans la dimension sociale de la Constitution italienne, mais qui sache aussi apporter des réponses à l'évolution économique, sociale et politique ; qui sait répondre aux nouveaux besoins, à la montée de la nouvelle pauvreté, à la vague xénophobe et raciste, à la prépotence des multinationales et des groupes de pression. Un droit public qui sache regarder et respecter l'universalisme des droits de l'homme, non pas du point de vue unilatéral de l'Occident et non pas avec une idée d'intégration uniformisante, ou pire encore, avec la garantie effective des droits liée et subordonnée à la notion bureaucratique et administrative de citoyenneté.

Un droit public sensible aux grandes questions de l'universalisme des droits de l'homme, mais en même temps bien ancré dans la dimension positiviste de l'effectivité, en tant qu'expression de règles et de principes. Ainsi, d'une part, la capacité du droit public à percevoir le dépassement des droits de l'homme, bien au-delà des ordres juridiques nationaux ou supranationaux, et d'autre part, sa capacité à créer les conditions préalables à des garanties réelles et effectives, y compris au niveau local.

Il faut une perception des droits de l'homme qui ait l'humilité de remettre en question, ou du moins de s'écarter, de la matrice occidentale, hypocritement revêtue d'un prétendu universalisme, qui est en réalité l'expression d'un modèle imposé par les plus forts au détriment des plus faibles, par les exploiteurs au détriment des exploités (M.R. Ferrarese, 2006). Un droit public qui, en dehors du jusnaturalisme et de manière critique par rapport au droit positif en vigueur, contribue à l'affirmation d'un espace public différent, à une nouvelle forme par laquelle la souveraineté populaire, tout en respectant ses formes de représentation, peut acquérir une plus grande visibilité et influence dans les processus décisionnels. Cela ne sera possible que si l'on crée la forte interconnexion dont on a parlé entre le bien et le droit fondamental, entre la fonction sociale et le droit de participation.

7. Les nouvelles dimensions du droit public dans et au-delà de la Constitution

On ressent de plus en plus, dans le cadre actuel de fragmentation de l'intérêt public et de privatisation des biens d'appartenance collective, des biens publics, des biens sociaux, qui s'est réalisé également par l'irresponsabilité de l'entité publique, la construction d'une nouvelle forme de droit public capable de comprendre les nouvelles catégories juridiques, économiques, sociales, capables d'aller au-delà de la relation *dominus*-bien, ou du moins de la représenter dans des conditions différentes. En résumé, également en réaction à ce processus de dégénérescence, un chemin est proposé ici pour nous emmener *du public au commun.*

Il faut imaginer une nouvelle forme (ou dimension) du droit public qui protège et valorise les biens essentiels à la véritable protection des droits fondamentaux, tels que les biens d'appartenance collective et sociale, en dépassant les dichotomies public-privé et propriété-gestion.

Mettre en œuvre des parties de la Constitution pour aller au-delà de la Constitution signifie avoir la volonté de mettre en œuvre le droit public social, mais cela signifie aussi imaginer d'autres voies et de nouveaux espaces du public, élargir les sphères de responsabilité (responsabilités diffuses) par rapport au domaine de l'entité institutionnelle publique ; cela signifie imaginer, pour certains biens, le passage *du public au commun.*

Le passage *du public au commun* ne signifie pas réduire les espaces publics, mais plutôt soustraire à l'entité publique le domaine autoritaire et discrétionnaire de ces espaces (biens, services), afin de garantir les droits fondamentaux des citoyens avec une manière et une finalité plus démocratiques, égalitaires et inclusives. La première expérience de cette transformation, comme on l'a vu, ne pourra se réaliser qu'à travers des formes expérimentales *d'en bas* de gouvernance publique participative des *biens communs.*

V.

Le droit public européen de l'économie

1. Rôle et fonctions du droit public dans le processus d'intégration européenne : la législation des principes et la légitimité communautaire

La quatrième dimension du droit public doit se confronter à la dimension européenne, cherchant à comprendre ses relations ; dans cette perspective, dans la tentative scientifique et culturelle de contribuer à tracer les lignes fondamentales du droit public européen, il est opportun d'encadrer cette discipline dans sa phase de formation, qui se déploie entre le droit constitutionnel, le droit public interne, le droit communautaire, le droit de l'économie, dans le but de lui attribuer ses spécificités et singularités.

Dans cette optique, il est intéressant d'aborder, dans une *dimension européenne*, des thèmes classiques du droit public tels que la forme de gouvernement, l'opposition entre démocratie de direction et démocratie d'investiture, l'organisation et la répartition des fonctions et des compétences, la gestion des services et des biens publics, la protection des droits fondamentaux (R. Bifulco, M. Cartabia, A. Celotto, 2001). En particulier, on ressent la nécessité de réfléchir à la construction d'un droit public européen, afin que l'Union européenne puisse passer d'une dimension marchande à une dimension politico-sociale, caractérisée par la présence plus active d'organisations politiques et sociales, et surtout d'instruments de démocratie directe et participative.

En particulier, il est nécessaire, non seulement d'un point de vue théorique, de raisonner autour d'un principe de légalité européen (A. Celotto, 2002), un principe autour duquel est modelée l'ensemble de la structure normative et institutionnelle de l'État de droit, selon lequel chaque acte administratif exécutif ou judiciaire doit être conforme à une norme générale antérieure (A. Tizzano, 1995). De là découle l'idée qu'un processus normatif européen des principes, de nature prescriptive-normative, puisse constituer le fondement juridique également pour les actes de normalisation secondaire et tertiaire des différents États membres.

En substance, un problème se pose dans le domaine du droit européen, largement débattu par la doctrine italienne, à savoir la distinction entre le principe de légalité au sens formel et le principe de légalité au sens substantiel, dans le cadre du processus fondateur de la légitimité communautaire.

L'action normative et administrative de l'exécutif, des organismes publics, des entités infra-étatiques serait attribuable précisément à la légitimité communautaire (F. Sorrentino, 2007), ensemble de principes, de règles et de jurisprudence. Le principe de légalité européen, fondement juridique de l'action normative secondaire et tertiaire, dépasserait également la limite de la typicité des actes administratifs. En effet, l'arrêt *Fratelli*

Costanzo a notoirement affaibli le principe de légalité en droit interne, entendu comme la primauté de la source normative de rang primaire sur les actes administratifs nationaux (à la fois les actes étatiques et les actes émanant d'entités infra-étatiques), obligeant l'administration nationale à ne pas appliquer la législation interne incompatible avec celle européenne, bien qu'elle soit compatible avec celle nationale. En substance, la législation européenne des principes, même en l'absence de législations sectorielles, constituerait la base juridique légitime (principe de légalité formelle européen). Ce principe pourrait être invoqué en l'absence de fondement juridique interne et en présence d'antinomies toujours en droit interne avec le droit communautaire.

Évidemment, le principe de légalité européen céderait en cas d'antinomie avec le principe de légalité constitutionnelle (en particulier s'il exprime des principes fondamentaux) et avec toutes les garanties qui en découlent.

Ce cadre de principes, de règles et de décisions jurisprudentielles, qui met en relation l'organisation du pouvoir avec le système des sources, devient progressivement un objet d'intérêt croissant, en particulier lorsque l'on commence à élaborer les lignes directrices de ce qui sera ensuite appelé le droit public européen de l'économie, en opposition et/ou en équilibre avec le droit européen compris exclusivement ou principalement comme le droit des marchés et de la concurrence.

En particulier, il est opportun de partir du principe de cohésion économique et sociale (en tant que paradigme des droits sociaux), en lui attribuant le sens et la valeur de principe-objectif, à caractère normatif et prescriptif. Le principe de cohésion économique et sociale devrait être progressivement considéré comme un véritable principe constitutionnel européen, ayant une valeur prescriptive et non simplement programmatique, de manière à constituer l'approche originale en vue d'une dimension d'égalité qui ne se limite pas à reconnaître l'égale dignité des hommes, mais vise à promouvoir les conditions préalables à une large conception de la participation à la coexistence sociale, politique et économique.

En substance, l'objectif est de créer un cadre de principes, de règles et de données jurisprudentielles susceptible de constituer un fondement juridique européen alternatif et opposé à celui exprimé par le marché de la concurrence et des privatisations. Un fondement qui, lorsqu'il est complet dans ses critères et objectifs, peut être utilisé directement, ou alternativement, pour légitimer les politiques publiques des États membres, y compris celles exprimées par des organismes publics non territoriaux et/ou des entités infra-étatiques.

En ce qui concerne le principe de cohésion économique et sociale, il doit être compris comme : « un principe capable d'initier des politiques publiques visant à réaliser un *gouvernement européen des biens communs* ». Et encore : « la société européenne, le patrimoine commun de la société européenne, peut se concrétiser à travers des politiques de cohésion qui n'ont pas leur *prius* dans la concurrence, mais plutôt dans des politiques publiques ciblées, telles que la politique du logement, du territoire, des services publics, de l'éducation, de la santé, des biens communs dans lesquels la concurrence n'est pas apte à améliorer le niveau de vie des peuples » (A. Lucarelli, 2006a, p. 9).

Dans ce contexte, les sujets qui suscitent le plus de réflexions sont les politiques publiques et les droits sociaux, les services publics et les *biens communs*, tous à aborder dans une perspective européenne, dans le but de remettre en question un modèle marchand et concurrentiel, qui est de plus en plus utilisé comme *écran de fumée* pour les choix des politiques publiques, tant du centre-droit que du centre-gauche, en prétendant et laissant entendre que ce modèle libéral est constitué de normes impératives auxquelles le législateur italien devrait toujours, et en tout cas, se conformer. En substance, toutes les règles relatives aux privatisations en Italie ont été comprises, avec une extrême hypocrisie, comme des règles *nécessaires au niveau communautaire*, c'est-à-dire des règles auxquelles le législateur italien ne pourrait échapper sans violer le droit communautaire.

Sur le plan pratique, cette *bataille* théorique et fondatrice du droit public européen de l'économie, visant à démontrer l'existence au niveau européen d'un ensemble de principes et de règles non à sens unique, c'est-à-dire qu'il n'est pas uniquement orienté vers le marché et la concurrence, et donc destiné à démasquer la tromperie des normes *nécessaires au niveau communautaire*, commence à porter ses premiers fruits. Le droit public européen de l'économie, même s'il n'exprime pas de réglementations spécifiques et sectorielles, commence à jouer un rôle de fondement juridique pour les politiques publiques des différents pays (principe de légalité communautaire), même pour celles qui sont considérées et déclarées d'importance économique.

Dans ce sens, il me semble utile et pertinent de souligner que les motifs de l'arrêt de la Cour constitutionnelle n° 24 du 12 janvier 2011, par lequel le référendum abrogatif sur le décret Ronchi (art. 23 *bis* de la loi n° 166 de 2009) a été déclaré admissible, rendant aux citoyens la souveraineté de décider des *biens communs*, peuvent s'insérer, avec les précautions nécessaires et les approfondissements requis, dans une vision plus pluraliste du droit européen, capable de *se démarquer* de la domination du libéralisme économique et financier. En particulier, le point dans lequel la Cour, comme déjà exprimé dans l'arrêt n° 325 de 2010, a déclaré que l'État membre n'est pas tenu par le droit communautaire de privatiser les services publics locaux ; il s'agirait de choix relevant de décisions réglementaires internes. Le droit européen, précisément à travers son interprétation multidimensionnelle, pluraliste et flexible, permet des processus de privatisation mais aussi des *options publicistes* pour la gestion des services publics locaux.

En substance, trois points particulièrement innovants de l'arrêt n° 24 de 2011 pourraient avoir des effets plus larges sur les politiques publiques italiennes : 1) il est démenti que le droit européen impose aux États membres de privatiser les services publics locaux ; 2) bien qu'implicitement, l'existence d'un droit public européen de l'économie est reconnue, contredisant ceux qui soutiennent depuis des années que le droit communautaire se limite au droit des marchés et de la concurrence ; 3) il reconnaît aux communes la possibilité, à la suite du référendum, de se référer directement au droit communautaire qui prévoit, entre autres, bien que de manière implicite, la gestion publique et directe des services d'intérêt général. Il s'agit d'une application de ce que nous avons appelé le principe de légalité européen ou communautaire, un principe qui trouve son renforcement naturel dans le principe de *préemption*, en vertu duquel l'effet d'éviction à l'égard de la législation nationale non conforme à la législation communautaire est de prohiber des normes étatiques plus strictes ou plus permissives (R. Mastroianni, A. Arena, 2010).

Enfin, il est évident que le droit européen n'impose pas d'obligations de privatisation aux entreprises publiques ou chargées de la gestion des services publics, se caractérisant au contraire par le principe de neutralité à l'égard du régime (article

345 TFUE, Traité sur le fonctionnement de l'Union européenne), public ou privé, de la propriété, qui, avec les principes de liberté de définition et de proportionnalité, constitue l'un des piliers de la réglementation communautaire des services d'intérêt général. En particulier, le principe communautaire de *libre définition*, auquel fait référence un récent arrêt du Tribunal de première instance de l'Union européenne, qui en confirmant la position de la Commission européenne, a reconnu au niveau local du gouvernement la responsabilité, non seulement de qualifier le service (économique ou non économique), mais aussi de décider et de choisir les modalités de gestion. Cette liberté d'appréciation, de définition et de choix a été bien comprise, en dernier lieu, par la cinquième section du Conseil d'État qui, par arrêt du 10 septembre 2010, a affirmé que la distinction entre activités économiques et non économiques a un caractère dynamique et évolutif et qu'il ne serait donc pas possible d'établir *a priori* une liste définitive des services d'intérêt général de nature non économique. Le rappel du principe communautaire de *libre définition* est donc implicite.

La Cour constitutionnelle met à *nu* le décret Ronchi devant ses mystifications, notamment là où ce dernier avait représenté un cadre réglementaire européen partiel et discrétionnaire qui ne semble pas intégrer ni les principes fondamentaux du droit européen, ni ses orientations nouvelles et plus évoluées. En effet, l'article 23 *bis* négligeait qu'à partir de l'entrée en vigueur du traité d'Amsterdam, un changement politique et économique est intervenu en faveur du rôle stratégique du secteur public, au point qu'avec l'entrée en vigueur de l'article 14 TFUE, il est possible d'entrevoir un rééquilibrage du modèle socio-économique européen.

Le contexte européen de référence dans lequel, en ce qui concerne les services publics locaux, s'ouvre le cadre des relations globales reliant les institutions, les entreprises publiques et privées, et les citoyens, est, comme le souligne clairement la Cour dans l'arrêt n° 24 de 2011, considérablement différent et éloigné de celui représenté et imposé par le décret Ronchi. En particulier, le marché, la concurrence, la régulation ne sont plus des principes dominants, mais des institutions et des catégories qui s'inscrivent dans ce que nous pourrions définir, dans une perspective fondamentale, comme le droit public européen de l'économie, c'est-à-dire l'ensemble de principes, de règles, de décisions de jurisprudence communautaire et interne, qui définissent un espace public dans lequel les institutions se voient attribuer des fonctions importantes, y compris de gestion, et où la sphère sociale, entendue comme la satisfaction égale des droits sociaux, ne cède pas devant le marché.

Le droit public européen de l'économie, effectivement reconnu par l'arrêt précité de la Cour, prévoit que la gestion et la prestation des services publics essentiels doivent être étroitement liées aux droits fondamentaux, en tant que facteur indispensable de cohésion sociale et territoriale, élément essentiel de la citoyenneté européenne. La règle de la concurrence serait ainsi limitée par la réalisation des objectifs sociaux et le respect des valeurs fondamentales de l'Union, tels que le développement harmonieux, équilibré et durable des activités économiques, la solidarité, le niveau élevé de l'emploi et la protection de l'environnement, de la santé, des consommateurs.

Il y a donc un changement de cap par rapport à la *doctrine dominante* qui continue à réciter, avec des interprétations plus politiques que juridiques, la liturgie de la primauté absolue du droit européen de la concurrence, non seulement par rapport au droit public européen, mais aussi par rapport aux principes fondateurs de la Constitution italienne.

Enfin, dans ce sens, il convient de lire l'arrêt n° 199 de 2012 de la Cour constitutionnelle qui, en annulant le décret-loi n° 138 de 2011, par lequel on avait tenté de soustraire de l'effectivité à la victoire référendaire contre la privatisation des services publics locaux, en plus d'affirmer la contrainte référendaire, a confirmé l'existence d'un cadre de principes et de règles qui constituent de fait le droit public européen de l'économie.

2. Le modèle social et économique européen : réflexions introductives

Comme on le sait, le traité de Lisbonne n'a pas pour objet spécifique la reconnaissance et la garantie effective des droits ; on continue à suivre la méthode de l'assemblage des textes qui se sont succédé au fil du temps, plus simple du point de vue politique, mais peu orthodoxe et systématique du point de vue juridique. Le texte, toujours le fruit de médiations et de négociations continues, en résulte donc dépourvu d'une clé de lecture unique, même et surtout dans ses choix fondamentaux en matière de politique économique ; comme nous le verrons, il n'exprime ni un modèle économique, ni encore moins un modèle social. Il est clair que ce choix, *doré* par le prétendu recours au pluralisme, décide en réalité de *rompre* avec la tradition weimarienne de l'État social et de se référer, avec une certaine dose d'hypocrisie, au binôme liberté-solidarité, largement présent dans la tradition de la fin du XIXe siècle des pays d'Europe occidentale.

Le traité de Lisbonne, donc, assemble et tente de donner de l'homogénéité au Projet de traité constitutionnel, aux Traités de Maastricht et d'Amsterdam, renvoyant principalement à la Charte européenne de Nice pour la protection des droits fondamentaux (F. Balaguer Callejón, 2009).

En ce qui concerne les droits sociaux, la Charte sociale du Conseil de l'Europe de 1961 et la Charte communautaire des droits sociaux fondamentaux des travailleurs de 1989 sont expressément mentionnées par l'article 151 du TFUE (ex art. 136 TUE – Traité sur l'Union européenne) en tant que sources des droits sociaux fondamentaux (M. Luciani, 2000). De plus, il convient de noter que le titre du Traité de la Communauté européenne *Politique sociale, éducation, formation professionnelle et jeunesse* dans le Traité de Lisbonne est exclusivement consacré à la politique sociale.

L'article 152 du TFUE est ajouté *ex novo* : « L'Union reconnaît et promeut le rôle des partenaires sociaux à son niveau, en prenant en compte la diversité des systèmes nationaux. Elle facilite le dialogue entre eux, dans le respect de leur autonomie. Le sommet social tripartite pour la croissance et l'emploi contribue au dialogue social ». Il s'agit d'une disposition qui *constitutionnalise* au niveau européen les relations industrielles et le rôle des pouvoirs publics dans les processus de médiation et de synthèse des procédures décisionnelles. Il est évident que la condition préalable au fonctionnement des instruments de dialogue et de négociation sur les droits sociaux est l'existence de *partenaires sociaux européens*, capables d'avoir leur propre identité autonome et distincte de celles qui opèrent au sein des États membres. Je fais bien sûr référence à la nécessité d'une *Confédération générale de l'industrie européenne* et de *syndicats européens*, capables de représenter et de défendre des droits et des intérêts qui évoluent à un niveau supranational. Tout cela impliquerait un espace juridique public, encore totalement absent au niveau européen.

Tout en laissant de côté les aspects liés au processus constituant européen en cours, qui ne constituent pas l'objet direct de la recherche mais qui relient inévitablement le déficit démocratique de participation au déficit social, et donc au modèle socio-économique, dans le passage de l'Europe monétaire à l'Europe qui aspire à avoir sa propre dimension politique, le citoyen et en général les formes associatives, plus ou moins structurées, n'ont pas eu le degré approprié d'implication.

On constate un net écart entre l'État-appareil et l'État-communauté, causé non seulement par l'inexistence d'un peuple européen, mais surtout par l'inexistence d'une citoyenneté européenne articulée autour d'un espace de décision propre.

Un processus technocratique d'intégration qui, loin de prendre en compte les besoins et les instances réels des populations concernées, configure un modèle de post-démocratie, dans lequel le projet d'unité politique, dans son articulation et son développement, malgré une valorisation formelle du rôle du Parlement, continue principalement à tourner autour des exécutifs et des appareils bureaucratiques, ignorant les modèles de démocratie participative, directe et de proximité.

La spécificité de ce processus, éloigné ou du moins hétérodoxe par rapport aux notions classiques de participation populaire et de représentation démocratique, semble caractériser un cadre politico-normatif éloigné des archétypes de la tradition juridique. Une perspective qui, selon une partie de la doctrine, tend à réduire le droit constitutionnel, les Constitutions, l'histoire du constitutionnalisme, à l'étude des institutions, à leur fonctionnement ordonné, confiant aux juristes la tâche de rationaliser *ex post* la réalité (M. Dogliani, 1994).

Il est évident que ce processus normatif européen marque une *rupture* par rapport à l'évolution du constitutionnalisme moderne (G. Azzariti, 2002) qui, selon certains, pourrait être corrigé en soumettant des matériaux normatifs complexes, résultant de processus techniques fragmentés et stratifiés dans le temps, à un référendum ultérieur. En réalité, nous sommes loin des processus constituants, car les modèles autoritaires typiques du droit international public continuent de prévaloir, avec une nette prédominance des accords interétatiques sur les instances participatives des citoyens et sur le rôle de leurs chambres de représentation.

Cependant, de sérieuses inquiétudes subsistent quant à l'utilisation d'outils, tels que le référendum de confirmation, qui pourraient facilement basculer vers des déclins plébiscitaires et des assemblées, ayant peu à voir avec la participation politique.

Pourtant, malgré un cadre fortement marqué par des structures bureaucratiques autoritaires, on a ressenti quelques signes de valorisation des instances participatives au cours des dernières années.

Le traité de Lisbonne introduit dans le TFUE le titre II (*Dispositions relatives aux principes démocratiques*), qui comprend les articles 9-12 et reprend les anciens articles I-45, I-46 et I-47 du Projet de traité constitutionnel. L'article 9 du TFUE (ex art. I-45 du Projet de traité constitutionnel) énonce le principe de l'égalité des citoyens de l'Union et reprend la définition de la citoyenneté européenne, l'article 10 du TFUE (ex art. I-46) concerne la démocratie représentative et l'article 11 du TFUE (ex art. I-47) traite de la démocratie participative. Il est évident que ce sont des normes qui, au-delà de leur énoncé, devront être placées sur un plan d'effectivité, c'est-à-dire *passer* d'un plan formel à un plan substantiel ; cependant, au-delà d'une volonté institutionnelle plus ou moins explicite, cela nécessite une volonté politique claire qui souhaite véritablement déplacer le centre de gravité de la souveraineté du niveau des exécutifs et du niveau bureaucratique-administratif vers le niveau populaire des sociétés intermédiaires, aux partis, aux syndicats, aux associations, aux comités, aux mouvements, plus ou moins structurés. Sinon, on construirait un modèle formel de démocratie de la représentation dépourvu de sa sève naturelle et complètement étranger au modèle de la démocratie participative (P. Rosanvallon, 2008).

Le déficit démocratique, qui ne peut être dissocié du déficit social, ne pourrait être surmonté que si l'on parvient à configurer une sphère publique européenne, dans laquelle un processus valorise les institutions de la démocratie participative et représentative.

En substance, la véritable affirmation des droits sociaux au niveau européen ne pourrait être réalisée que par le biais d'une *social policy* exprimant le conflit, la dialectique et l'antagonisme entre des intérêts opposés et réellement *représentés*.

J'ai du mal à concevoir un État social européen *imposé d'en haut*, aseptisé et bureaucratique, qui *sent* de normes formelles, dépourvu des tensions typiques et nécessaires pour atteindre certains objectifs. Comment peut-on parler d'un modèle social européen en présence d'un si faible cadre de représentation, de participation et donc de conflit ? Si cette transition ne se produit pas, on continuera à rester sur un plan technique de l'organisation du pouvoir et de la répartition des fonctions. Pour parler vraiment de droits et de leur protection, il faudra encore se tourner vers les rassurantes Constitutions des États membres, dont la stabilité est constamment menacée par le droit communautaire lui-même. Pensons en particulier aux dites Constitutions sociales post-weimariennes, comme celle italienne, constamment sous pression, surtout dans la partie la plus innovante – la soi-disant Constitution économique – où l'on a eu le courage de rompre le binôme liberté-solidarité sur un plan horizontal d'équilibre, et de placer l'égalité substantielle et le droit des travailleurs dans une position d'une importance absolue.

Il est donc nécessaire de disposer d'un cadre plus articulé et sophistiqué des relations entre les pouvoirs, la représentation politique et les instances participatives, afin de faciliter la configuration d'un modèle juridique européen capable de se déplacer, ou plutôt de relier, avec un profil plus noble et plus mature, le plan de l'organisation et de la répartition des fonctions avec le plan des droits civils, sociaux et de participation.

Pour faciliter ce processus, en plus de placer le Parlement au centre de la fonction de détermination et de mise en œuvre de l'orientation politique, en renforçant la construction d'un prétendu *principe de légalité européen*, dans lequel l'action du Conseil des ministres et de la Commission pourrait trouver un fondement juridique (A. Tizzano, 1995), il faut donner effet aux articles 9-12 du TFUE, qui accordent à chaque citoyen le droit de participer à la vie démocratique de l'Union, en attribuant aux partis politiques au niveau européen le rôle de contribuer à la formation d'une conscience politique européenne capable d'exprimer la volonté des citoyens.

Je ne pense pas que la participation politique puisse se limiter à des déclarations de principe comme celles contenues dans l'article 11, paragraphe 2 du nouveau TUE (*Les institutions entretiennent un dialogue ouvert, transparent et régulier avec les associations représentatives et la société civile*) ou dans le paragraphe suivant, qui prévoit : « En vue d'assurer la cohérence et la transparence des actions de l'Union, la Commission européenne procède à de larges consultations des parties concernées ». Ces dispositions semblent configurer des modèles de représentation d'intérêts individuels et confus, typiques du communautarisme ou du lobbying, plutôt qu'une représentation sociale structurée, ou du moins elles ne semblent pas affirmer clairement le droit de participation, en tant qu'instrument vraiment capable d'interagir, d'influencer et de contrôler le processus décisionnel.

3. La concurrence : du principe à la fonction

Dans la deuxième partie du Projet de traité constitutionnel européen, la Charte européenne des droits fondamentaux avait été *constitutionalisée*, passant ainsi d'un acte politique à un acte juridique. En effet, l'article I-7, paragraphe 1 du Projet avait prévu que l'Union reconnaissait les droits, les libertés et les principes énoncés dans la Charte des droits fondamentaux.

Avec le Traité de Lisbonne, cependant, la Charte est *déconstitutionnalisée*, car elle n'est pas formellement intégrée dans le texte. Néanmoins, sa valeur juridiquement contraignante est garantie grâce à la nouvelle formulation de l'article 6 du TFUE, qui dispose : « L'Union reconnaît les droits, les libertés et les principes énoncés dans la Charte des droits fondamentaux de l'Union européenne [...] qui a la même *valeur juridique que les traités* ». En outre, la Charte a été à nouveau proclamée et signée par les représentants de la Commission, du Conseil et du Parlement le 12 décembre 2007 à Strasbourg, suite à certaines modifications.

Ces droits s'appuieraient sur les valeurs déjà introduites par le Projet de traité constitutionnel. En particulier, le nouvel article 2 du TFUE, tel que modifié par le traité de Lisbonne, reprend les dispositions de l'article I-2 du Projet de traité constitutionnel, selon lequel « l'Union est fondée sur les valeurs de respect de la dignité humaine, de liberté, de démocratie, d'égalité, de l'État de droit, ainsi que de respect des droits de l'homme. Ces valeurs sont communes aux États membres dans une société caractérisée par le pluralisme, la non-discrimination, la tolérance, la justice, la solidarité », tout en ajoutant une référence significative et explicite, tant aux droits des personnes appartenant à des minorités qu'au principe de l'égalité entre les hommes et les femmes.

En revanche, le Préambule du Traité constitutionnel disparaît. Toutefois, le paragraphe suivant est *préservé* et inséré dans le Préambule du nouveau TUE : « S'inspirant des héritages culturels, religieux et humanistes de l'Europe, à partir desquels se sont développées les valeurs universelles que constituent les droits inviolables et inaliénables de la personne humaine, ainsi que la liberté, la démocratie, l'égalité et l'État social ».

Il est évident que ces valeurs continuent à configurer, selon les schémas typiques de la démocratie formelle, une hiérarchie centrée sur la notion de liberté du XIXe siècle et les principes fondamentaux de l'État de droit. L'égalité semble être conçue dans son acception formelle, ce qui *trahit* les limites des pouvoirs publics en ce qui concerne les politiques redistributives ; et la référence explicite à l'État social, plutôt qu'aux droits sociaux, semble se référer davantage à la compétence communautaire *concurrente* de la *social policy* (G. Bronzini, 2008), plutôt qu'à un gouvernement public européen de l'économie. De plus, l'appel aux valeurs universelles, liées et émanant directement de l'héritage culturel, religieux et humaniste de l'Europe, est un acte d'arrogance politique et culturelle car, de manière présomptueuse, la disposition décline le rôle dominant présumé de l'Europe et sa capacité à se poser comme source de valeurs universelles, absolutistes et donc applicables à tous.

Les seules références, bien qu'indirectes, aux droits sociaux, peuvent être déduites de l'article 3, paragraphe 3 du TUE, qui confirme l'article 3, paragraphe 3 du Projet de traité constitutionnel, selon lequel « l'Union œuvre pour le développement durable de l'Europe fondé sur une croissance économique équilibrée, une économie sociale de marché [...] qui tend au plein emploi et au progrès social, et un niveau élevé de protection et d'amélioration de la qualité de l'environnement [...] Elle combat l'exclusion sociale [...] et promeut la justice et la protection sociales [...] Elle promeut la cohésion économique, sociale et territoriale ».

Dans le Projet de traité constitutionnel, la dimension sociale de la Charte, aux contours flous et indéfinis, se mariait avec un cadre de référence dans lequel la concurrence était érigée en principe absolu, *libre et non faussée* (art. I-3, par. 2), au sein d'une économie de marché fortement concurrentielle (art. I-3, par. 3).

Dans l'article 3, paragraphe 2 du Traité de Lisbonne (TUE), la référence à un « marché intérieur où la concurrence est libre et non faussée » disparaît. Par conséquent, on peut affirmer – du moins d'un point de vue formel – que la concurrence ne figurerait plus parmi les principes-objectifs de l'Union européenne (J. Ziller, 2007), ou plutôt que l'objectif de la concurrence se serait transformé en une compétence de l'Union.

En substance, d'après un premier examen, il est clair que les règles de la concurrence sont contrebalancées par des lignes directrices visant à définir des politiques de rééquilibrage socio-économique et territorial. Par conséquent, un critère de référence se dessine pour concevoir des politiques systémiques qui, de toute façon, ne coïncideraient pas nécessairement avec une action active des pouvoirs publics (L. Campiglio, F. Timpano, 2001), visant à un processus de convergence des politiques de

Welfare. Même si l'inclusion de la lutte contre l'exclusion sociale et la protection de l'environnement parmi les nouveaux objectifs du Traité de Lisbonne laisse entendre une responsabilité directe et active des institutions publiques.

La suppression de la mention de la concurrence dans le Traité de Lisbonne a été préconisée par les Français, les mêmes qui ont souhaité ajouter à l'article 3, paragraphe 5 du TUE que l'Union, en plus d'affirmer et de promouvoir ses valeurs et ses intérêts, contribuerait « à la protection de ses citoyens ». En doctrine, il a été observé que ces nouveautés, « conjointement à l'article 14 du TFUE (ancien article 16 du TCE) et au nouveau protocole sur les services (économiques et non économiques) d'intérêt général, pourraient inciter les gouvernements à adopter une position plus active dans la protection des entreprises stratégiques, le cas échéant, également par le biais d'aides d'État. La réponse dépendra en fin de compte des orientations de la Commission et, surtout, des juges de l'Union européenne » (R. Baratta, 2008). Il s'agit d'un processus en cours qui trouve son impulsion dans la crise actuelle du système financier et des secteurs typiques de l'économie capitaliste tels que l'industrie automobile. Cependant, ces interventions de soutien financier aux particuliers, de la part des États, ne doivent pas être interprétées à tort comme le recours à des instruments relevant d'un prétendu droit public européen de l'économie.

La *renationalisation* partielle des banques n'annonce pas l'avènement d'un gouvernement public de l'économie, mais répond, pour l'instant, simplement à des calculs économiques rationnels de différents types d'investisseurs qui modèlent leur action sur un nouvel équilibre de propriété ; on assiste à un nouveau pillage massif du trésor public au profit d'intérêts privés, pour redresser les comptes, au prélèvement de ressources communes au bénéfice de certains particuliers ; des fonctions qui restent publiques en termes de coûts, mais qui deviennent privées en termes de bénéfices (U. Mattei, 2009). Cependant, même en présence d'un certain scepticisme, il convient de noter que, à la lumière de ces nouveautés, le principe de cohésion socio-économique et territoriale énoncé, entre autres, par l'article 14 du TFUE parmi les principes fondamentaux du droit européen, pourrait enfin acquérir une valeur de condition préalable aux politiques publiques, et non d'un simple objectif à atteindre au moyen des politiques elles-mêmes. Cela serait conforme à la résolution n° 97/357 du Parlement européen sur les services d'intérêt général, qui affirme que le principe de la cohésion devrait devenir une valeur de l'Union et donc des actions de politique économique des États membres. Le tout renforcé, encore davantage, par le dernier alinéa de l'article 14 du TFUE, qui reconnaîtrait même la compétence des États membres, dans le respect des traités, de fournir, de faire exécuter et de financer ces services. En substance, à la lumière de la nouvelle disposition, les services d'intérêt économique général pourraient non seulement faire l'objet de régulation, mais aussi être gérés et/ou financés par l'intervention directe de la *main publique*. Un État pourrait décider de gérer ces services efficacement, mais dans une dimension publiciste qui, à la logique du profit, préfère la justice sociale, la protection de l'emploi, de la santé, de l'environnement, dans une logique de démocratie de proximité capable de garantir et de distribuer des ressources aux populations locales.

Il serait possible de reconstruire le lien de causalité entre la prestation de services, la responsabilité publique, les *biens communs* et la protection des droits fondamentaux. Autrement dit, ce circuit vertueux brusquement interrompu par le réformisme bipartisan pourrait légitimement renaître, pour autant qu'il y ait une volonté politique des différents États membres.

Cette orientation est clairement confirmée par le Protocole n° 26 sur les services d'intérêt général, qui souligne le rôle essentiel et le large pouvoir discrétionnaire des autorités nationales, régionales et locales pour fournir, commander et organiser des services d'intérêt économique général aussi proches que possible des besoins des utilisateurs. La disposition suggère la configuration d'un modèle dans lequel, par exemple, la commune pourrait jouer un rôle déterminant – même en termes de gestion directe – dans la gouvernance des services publics locaux, en étant consciente de fournir ces services dans des situations géographiques, sociales et culturelles différentes, avec l'obligation de fournir un service de haut niveau de qualité, de sécurité et d'accessibilité économique, dans des conditions d'égalité de traitement, en promouvant l'accès universel et les droits des utilisateurs (A. Lucarelli, 2010).

Il faut également noter que, toujours dans le Protocole n° 26 du Traité de Lisbonne, à l'article 2, il existe une disposition spécifique dédiée aux services d'intérêt général qui, en application du principe de subsidiarité verticale, réserve aux États membres le pouvoir de fournir, de commander et d'organiser les services d'intérêt général, c'est-à-dire les services non orientés vers le marché et totalement étrangers à la règle de la concurrence. Grâce à cette disposition, les États, ou plutôt les niveaux de gouvernement compétents, probablement les communes, étant plus proches des citoyens, auront le pouvoir d'identifier et d'organiser les services d'intérêt général, en choisissant probablement aussi le modèle de gestion.

Ainsi, les modifications apportées à l'ancien article 16 du TCE et la proposition du nouveau Protocole sur les services d'intérêt général redonneraient une dignité et une effectivité absolues au principe de la cohésion économique et sociale, dont l'application permettrait, dans certains cas, de déroger à la règle de la concurrence, notamment lorsque le marché est incapable d'atteindre les objectifs sociaux.

Par rapport à la dimension sociale faible et générique contenue dans le Projet de traité constitutionnel, le Traité de Lisbonne susciterait le besoin d'un *réarmement* de l'administration publique ; le besoin d'engager un processus de responsabilisation des institutions publiques, tout en valorisant des niveaux de gouvernement les plus proches des citoyens. Certes, nous sommes bien loin des attentes d'une prétendue Constitution sociale (F. Baron, 1988), qui ne trouvent pas satisfaction même dans la Charte européenne des droits fondamentaux, car il manque un chapitre explicite consacré aux droits sociaux.

Cependant, il convient également de noter que le chapitre IV de la Charte, relatif à la solidarité, contient une liste de droits, dont beaucoup, du moins selon la tradition de l'Europe continentale, pourraient être classés parmi les droits sociaux (O. De Schutter, 2003). Pourtant, il faut donner force et efficacité à ces énoncés pour passer d'un plan formel à un plan substantiel ; il faut une volonté politique forte, un gouvernement public européen de l'économie, qui, cependant, pour fonctionner, a besoin de ce substrat politico-social qui fait encore défaut.

Important mais pas suffisant est l'appel idéal à l'espace juridique et politique de l'Europe continentale qui a marqué la naissance et la tradition de l'État social. Pensons, en particulier, à la fin du XIXe siècle, lorsque la démocratie, l'État de droit et l'État social ont été idéalement liés par le juriste Julius Ofner, et où l'État social s'est vu attribuer la tâche d'une répartition plus équitable des avantages et des charges, fondée sur l'égalité de tous (G.A. Ritter, 1996).

Mais, aujourd'hui, cela ne suffit pas. Il faut travailler à la construction d'un espace juridique social, mais à travers d'autres méthodes, outils et objectifs ; un espace juridique qui laisse place à la participation, en plaçant fermement la centralité de la catégorie des *biens communs*, en refusant la tyrannie des logiques propriétaires.

4. Dimension sociale et dimension libérale dans l'espace juridico-politique européen : le réformisme bipartisan et l'abandon de l'« impulsion » weimarienne

Il est évident qu'au cours des trente dernières années, deux âmes ont coexisté en Europe : l'une sociale, liée au rôle et à la présence de l'État, ou plus généralement de la propriété publique dans la sphère économique et productive, visant à équilibrer et à réguler le marché commun ouvert et concurrentiel avec la primauté politique accordée aux principes de l'économie mixte et de l'État providence (S. Giubboni, 2003) ; et une autre, pouvant être qualifiée de libérale-individualiste qui, depuis Reagan, a admiré le modèle américain et le rôle actif du secteur privé (subsidiarité horizontale) y compris dans le domaine des services d'intérêt général et des *biens communs* (éducation, santé), et qui reflète moins profondément le sens de l'identité européenne (M. Rodríguez Molinero, 1995).

La coexistence de ces deux matrices, toutes deux génériquement associées à la notion d'État démocratique (S. Fois, 1999), mais caractérisées par des interprétations différentes du modèle social et de ses garanties, n'a pas facilité la construction d'une dimension juridique commune au niveau européen, d'un consensus social.

En résumé, on pourrait dire qu'en Europe, une opposition s'est manifestée, mais qui avec le temps a atténué les tons conflictuels pour prendre des tons bipartisans, entre le modèle néo-américain, orienté vers le marché pur, et le modèle rhénan, jaloux des acquis de l'État social. Un modèle rhénan, cependant, de plus en plus disposé à *mettre sur le marché* des services publics et des *biens communs*, et progressivement prêt à transformer le citoyen en utilisateur, dans une logique typique du droit privé et de l'affirmation des droits à travers les schémas propres à l'action en dommages-intérêts.

Un modèle qui, présenté par Neumann à Weimar, a ensuite été transformé, influencé et déformé, par exemple par la contribution de l'École des Ordolibéraux et, plus généralement, par les principes caractérisant l'économie sociale de marché (D.J. Gerber, 1998). Un modèle social réformé et bien ancré dans la culture du capitalisme qui a révélé ses limites physiologiques.

Un modèle qui, dans le système constitutionnel italien, a trouvé sa synthèse dans l'État social de droit (L. Paladin, 1965), révélant que les mécanismes du marché n'étaient pas aptes à assurer la régularité de la reproduction sociale, définissant ainsi le passage ultérieur de la démocratie politique à la démocratie économique (H.F. Zacher, 1987).

Dans le modèle d'économie sociale de marché, la règle communautaire de la concurrence, bien qu'*infiltrée* dans les systèmes nationaux de droit social (S. Giubboni, 2003), n'aurait donc pas dû représenter une valeur absolue, mais plutôt un principe dérogatoire en cas de défaillances du marché et de services ayant l'obligation de garantir des droits fondamentaux (de plus en plus aujourd'hui, et inopinément, l'expression « garantie des droits fondamentaux » est remplacée par « garantie du droit universel »).

Un modèle qui aurait dû configurer un État non seulement *régulateur* mais aussi *gestionnaire* ; on pense en particulier aux services liés aux activités économiques, dont l'importance sociale aurait dû légitimer l'intervention des pouvoirs publics, en particulier lorsque la spontanéité du marché n'était pas en mesure de les satisfaire. Les règles de la concurrence et de l'économie de marché auraient dû céder devant le principe de l'égale satisfaction des droits sociaux, en tant que droits universels et fondamentaux de l'homme.

En réalité, ce modèle qui, malgré ses responsabilités de conflit, trouvait ses racines dans la vision keynésienne de l'État providence, a été balayé, à la suite de la crise pétrolière de la fin des années 70, par la révolution reaganienne-thatchérienne, créant l'idéologie actuelle du réformisme, « une théorie de moins en moins étayée par une conception première de justice sociale, mais au contraire principalement axée sur la reconstruction d'un système capitaliste le plus efficace possible » (U. Mattei, 2009).

Ainsi, en Europe, la poussée du réformisme *welfariste* s'effondre définitivement. Une poussée qui, à partir de la Constitution de Weimar et puis dans la Constitution italienne de 1948, avait produit et *constitutionnalisé* les droits sociaux, leur attribuant une valeur prescriptive et une portée effective avec une attribution directe de responsabilité aux institutions publiques. Avec le recours aux principes de Maastricht, on abandonne donc aussi le modèle d'économie sociale de marché, pour *céder la place* à un libéralisme formellement tempéré.

Le Traité de Lisbonne, malgré ses formules ambiguës, semble vouloir freiner la vague bipartisane du réformisme, en tempérant l'idolâtrie de la concurrence et du marché. Cependant, on ne peut absolument pas parler d'un changement de cap, car il n'y a pas de politiques publiques et économiques alternatives *sur le terrain* ; ni une plus grande attention aux services publics essentiels ne peut représenter un changement de cap. Une réaction désorganisée et émotionnelle à la crise des marchés financiers et à la contraction de la demande est en cours, qui se manifeste par un recours à l'État et aux institutions typiques du droit public, auxquelles le capitalisme a généralement recours en période de crise.

Encore une fois, nous sommes loin des politiques structurelles et de la véritable redistribution des revenus et des structures de propriété ; nous sommes loin du réformisme *weimarien*, riche en contenu culturel et en propositions politiques.

5. Le paradigme européen des droits sociaux : le principe de solidarité

Même après Lisbonne, d'un point de vue systématique et du contenu, il semble pour le moins singulier que les droits sociaux dans l'espace juridique européen, en référence à la Charte européenne des droits fondamentaux, continuent de trouver leur propre paradigme, ou mieux, leur fondement juridique, dans le principe de solidarité plutôt que dans le principe d'égalité. Une solidité qui semble servir les libertés économiques plutôt que le principe d'égalité.

On sait en effet que les droits sociaux, en plus de viser à garantir la jouissance des libertés traditionnelles, sont surtout des instruments visant à assurer la réalisation du principe d'égalité substantielle, par une action systématique des pouvoirs publics (M. Mazziotti, 1966).

Il est vrai que le principe de solidarité est identifié comme le paradigme des droits sociaux dans le cadre européen ; dès le début du XXe siècle, en particulier, dans la construction classique de Duguit, on soutenait que les droits sociaux étaient avant tout une manifestation de l'interdépendance sociale (L. Duguit, 1913). Mais c'est seulement avec le tournant *weimarien* qu'il est possible de parler d'État social *constitutionnalisé*.

Avec le passage de l'État démocratique à l'État démocratique-social, le concept de solidarité sociale devient réducteur pour élaborer la base théorico-applicative des droits sociaux (A. Lucarelli, 2009). Le concept de solidarité tourne autour de la personne, ou de groupes de personnes, selon une simple vision sociocentrique, indépendamment de l'action des pouvoirs publics. Dans le principe de solidarité, on reconnaît donc une poussée et une matrice individualistes qui s'atténuent à mesure qu'elle prend une dimension sociale (M. Hauriou, 1967), et qui accroît la responsabilité publique envers les pauvres, qui ne sont plus protégés par les communautés solidaires d'origine.

Cependant, il convient également de souligner que, dans le processus évolutif de la forme d'État, la solidarité sociale représente une première *trace* du devoir imposé aux pouvoirs publics, en configurant des modèles de solidarité institutionnelle et réglementée ; des modèles qui ne restent pas otages de processus horizontaux de nature privatiste, mais qui au contraire valorisent la dimension sociale, en identifiant les responsabilités de l'État en cas de non-respect des devoirs de solidarité.

6. Solidarité, subsidiarité et participation : expressions de modèles sociocentriques variés

La thèse, selon laquelle la crise de l'État social serait irréversible, a conduit à la proposition de nouveaux modèles de solidarité, en particulier le *Welfare Mix* (État, marché et secteur non lucratif), et la soi-disant *Welfare Society*. Ces modèles représentent un type de société transversale aux clivages, dans laquelle un pluralisme virtuel ou communautarisme serait capable d'accueillir toutes les différences, neutralisant les aspects subversifs et reconnaissant la légitimité des attentes de chacun.

En ce sens, la Charte européenne des droits fondamentaux, en ce qui concerne les droits sociaux, semble exprimer un compromis entre l'individualisme et le modèle sociocentrique, qui suppose des formes de subsidiarité horizontale, en tant que principe de régulation entre la sphère publique et la sphère privée, et de *Welfare Society*, selon des logiques de coopération spontanée et non nécessairement réglementée, en tout cas visant à favoriser ceux qui y participent (R. Nozick, 2000).

Ces logiques ont montré, dans la théorie des jeux, qu'en l'absence de réglementation, elles ne tendent pas naturellement vers le bien collectif, vers le bien commun (R.D. Luce, H. Raiffa, 1957).

Une interprétation du modèle de subsidiarité serait réalisée à mi-chemin entre le personnalisme catholique, clairement exprimé dans l'encyclique *Rerum Novarum* (1891) et développé dans l'encyclique *Quadrigesimo Anno*, et le *liberal contractualism* (A. Føllesdal, 2000).

Les droits sociaux dans la Charte européenne des droits fondamentaux sont donc reconnus dans une forme d'État où la division *webérienne* typique (M. Weber, 1992) État-société est dépassée par des modèles participatifs et de confusion public-privé, où l'intérêt public risque de se dissiper ou de se fragmenter, voire pire, d'être remplacé par un intérêt collectif issu d'une somme d'intérêts individuels et de médiations contingentes. Cette participation de type néo-corporatiste tend à l'exaltation des instances individualistes ou au confusionnisme social, et exprime un mécontentement envers la centralisation et la bureaucratisation des prestations sociales.

En substance, le principe de solidarité, dans le cadre d'un modèle de *Welfare Mix* ou de *Welfare Society*, configure la théorie dite des groupes élaborée par Bentley et Truman. Dans cette théorie, à partir des individus, les différents groupes de la société civile cherchent à agréger leurs intérêts et à rivaliser les uns avec les autres dans la société politique, non pour poursuivre l'intérêt public, mais pour influencer les politiques de l'État. La solidarité est l'expression d'un modèle participatif qui n'a rien de commun avec la participation politique structurée, qui, en revanche, a dans son ADN le conflit social, l'intolérance et l'anti-pluralisme, non dans leur expression antidémocratique, mais en tant que réaction à la tolérance, comprise comme un mystificateur *droit souple* et universel, factice et idéologique.

La solidarité tend à être utilisée comme un outil pour construire la paix sociale, à travers le conformisme extérieur des actions et la création d'une sphère privée dans laquelle toutes les opinions peuvent être tolérées, précisément parce qu'elles sont dépourvues de pertinence politique, selon un processus de neutralisation de la raison politique.

Cependant, la question sociale, ou mieux, la garantie des droits sociaux, ne semble pas pouvoir se réaliser par la neutralité de la loi et la souplesse du droit, sans se fixer comme objectifs réglementés des principes de justice distributive, qui attribuent à l'État des responsabilités précises, tant dans la phase de détermination de l'orientation politique (programme politico-économique) que dans la phase de mise en œuvre (loi de finances, réglementation d'application).

7. La nature nébuleuse de la forme européenne d'État et le cadre fragile des droits sociaux

L'assimilation des droits sociaux dans la Charte européenne des droits fondamentaux, dans le cadre des valeurs de solidarité, semble vouloir *insérer* les droits sociaux dans une forme d'État (européen) qui ne coïncide pas avec l'État social, ou qui du moins implique différents types d'intervention des institutions publiques. Il en résulte donc, au niveau européen, un pluralisme des formes institutionnelles (ou, plus précisément, de l'organisation du concept d'autorité) qui, selon l'enseignement de Gurvitch (G. Gurvitch, 1949), répond aux besoins de réduire le pouvoir étatique (perçu comme répressif) et de créer de multiples espaces d'autogouvernement social.

Il est évident que, tandis que dans les Constitutions de l'Europe continentale la reconnaissance et la garantie des droits sociaux, conformément à une conception normative de la Constitution, ont représenté, dans le cadre des processus constituants, un *point d'arrivée* et de médiation, caractérisé par une complexité de contenus et de racines historico-théoriques, cela ne s'est pas produit dans l'ordre juridique communautaire. Les objectifs communautaires, visant à l'intégration économique et poursuivis à travers un cadre politique global faible, ont prévalu sur le processus d'intégration sociale, entraînant le prétendu déficit de la *social policy*.

Pour ces raisons, la théorie des droits sociaux européens, en l'absence d'un véritable processus constituant et d'une communauté de référence authentiquement politique et sociale, et en présence d'un État-communauté hétérogène et désarticulé, a créé un cadre plus élémentaire dans lequel se trouvent des niveaux plus fondamentaux par rapport à l'ordre juridique des États membres (R. Bellamy, D. Castiglione, 2000).

Il existe donc un déficit génétique à la base des droits sociaux et du droit social européen qui souffre de l'incertitude du modèle organisationnel et fonctionnel du pouvoir (A. von Bogdandy, 1999).

L'idée politique originale était que l'intégration du secteur économique aurait automatiquement entraîné l'intégration de certains secteurs, tels que le secteur social. Le marché aurait déterminé la cohésion sociale, en comblant trois déficits identifiés par Scharpf dans l'absence d'un sentiment d'identité collective préexistante ; de débat politique à l'échelle européenne ; d'une structure institutionnelle capable d'assurer que les acteurs politiques répondent à un électorat européen (F.W. Scharpf, 1999). Cette idée a échoué et le Traité de Lisbonne semble ne pas s'en être rendu compte, en tant que fruit d'un processus technico-bureaucratique attentif aux équilibres entre les États et aux intérêts des multinationales, mais moins attentif aux dynamiques socio-économiques.

8. Droits sociaux et forme européenne d'État

À la lumière des principes généraux du constitutionnalisme, qui mettent en relation les droits sociaux et la forme de l'État, il est évident qu'un premier problème réside précisément dans l'analyse des droits sociaux en l'absence d'un cadre institutionnel de référence et d'un modèle économique et social européen homogène. Ceci, en ayant pleinement conscience que la garantie effective des droits sociaux, en tant que principe fondateur de l'État démocratique, ne peut pas être confiée, selon l'expression de Stiglitz, à des lois commerciales iniques (J.E. Stiglitz, 2000). Comme on le sait, la catégorie de la *forme d'État*, pour contribuer à définir la relation autorité-liberté, devrait reposer sur une affirmation non équivoque de ses objectifs.

Un autre problème clé pour l'encadrement des droits sociaux au sein de la forme d'État européen est l'opposition évidente entre les concepts sous-tendant la primauté de la politique, l'idée de la souveraineté étatique, en tant qu'instrument de transformation sociale, et les modèles de production normative, *market-oriented*, typiques des systèmes anglo-saxons.

Il convient également de tenir compte de la dichotomie fréquente entre le rang constitutionnel européen (les traités), à partir desquels il est possible d'identifier des concepts tels que l'égalité, la solidarité, la justice sociale, le plein emploi, le développement durable, et la législation communautaire sectorielle, souvent inspirée par des modèles économiques libéraux. Une dichotomie qui semble répéter la *vexata quaestio* des deux niveaux de normes : celles de nature programmatique et celles qui reflètent l'orientation politique de la majorité. Une orientation politique qui peut également être contingente et non nécessairement univoque, niant la construction kelsénienne de la Constitution en tant que limite au pouvoir de la majorité.

En d'autres termes, il est difficile d'identifier et de classer les droits sociaux sans connaître le degré et la qualité de l'intervention de l'État, mais encore plus au sein d'un modèle de société dans lequel les acteurs intermédiaires semblent avoir peu de place ; au sein d'une société fondée sur une conception atomiste-individualiste de la participation, ce qui est difficilement conciliable avec la reconnaissance et, plus encore, avec la garantie des droits sociaux. Cette notion de droit social, selon Gurvitch, repose sur la participation (individuelle et non organisée) et non sur la législation de l'État qui traite de la question sociale, c'est-à-dire sur les lois qui protègent les faibles et les non-propriétaires et régulent l'intervention de l'État dans le domaine économique. Comme on le sait, les droits de participation ont été, depuis la fin du XIXe siècle, le moyen par lequel les libertés ont été garanties par l'État, visant à assurer des prestations des pouvoirs publics pour rééquilibrer les positions des individus au sein de la société civile.

En conclusion, les droits sociaux fondés sur la solidarité, au sein de la Charte européenne et donc du Traité de Lisbonne, sont liés à un État social *minimal*, bien que l'institution de la concurrence dans les services publics ait été ramenée de principe à règle-fonction, de valeur à moyen. Par conséquent, avant d'identifier la nature des droits sociaux dans la Charte européenne et leur effectivité, il sera nécessaire, au sein de différents modèles culturels et économiques, et au sein d'une pluralité d'expériences riches en éléments différentiels, de mettre l'accent sur les tâches de l'État et les relations entre autorité et liberté.

9. Règle de la concurrence, principe de cohésion économique et sociale et droits sociaux

L'article 36 de la Charte européenne de Nice, concernant les services d'intérêt économique générale, confirme la règle communautaire de la concurrence dans des secteurs stratégiques de l'économie, tels que les télécommunications, les transports aériens et ferroviaires, l'électricité, le gaz, l'eau, c'est-à-dire dans les secteurs protégés et gérés en monopole pendant des années (A. Lucarelli, 2001).

Ce principe avait été de fait confirmé dans le projet de traité constitutionnel, obligeant à repenser la relation entre la prestation des services publics et la satisfaction égale des droits sociaux. La dimension sociale a été mise en mesure de concurrencer le marché, où la prédominance comportementale des *free-riders* aurait remis en question l'existence même des droits sociaux.

Toutefois, on estime que la notion souvent évoquée de cohésion économique et sociale au niveau européen, telle que prévue à l'article 36 de la Charte des droits fondamentaux de l'Union européenne, et déjà présente dans l'article 16 (ex 7 D) du TCE, dans l'article 158 du TCE et dans le projet de traité constitutionnel (art. I-3, par. 3) et enfin avec des tonalités plus explicites et incisives dans l'article 14 du TFUE et dans le Protocole n° 26 du Traité de Lisbonne, pourrait constituer, à condition qu'il y ait une volonté politique, un frein à la *vague réformiste-libérale* (G. Marcou, 2009).

La cohésion économique, sociale et territoriale, au-delà de la dimension sociale, et capable de *lire* et de promouvoir les nouvelles catégories de la participation et des *biens communs*, devrait être interprétée par le législateur européen et les États membres comme une condition préalable aux politiques publiques et non comme un instrument ou un simple objectif à atteindre par le biais des politiques elles-mêmes. Dans ce sens, la cohésion économique et sociale devrait être lue en termes d'homogénéité et de respect du principe d'égalité, devenant ainsi un véritable principe constitutionnel *européen*, ayant une valeur prescriptive et non simplement programmatique (J. Rawls, 1999).

En substance, le paradigme de la cohésion économique et sociale ne peut pas se résumer uniquement au binôme liberté-solidarité, mais doit être complété par les valeurs contenues dans le principe d'égalité substantielle et dans les catégories des *biens communs* et de la participation. Selon cette interprétation, les principes contenus dans l'article 14 du TFUE viseraient à conférer à la dimension sociale communautaire, dans sa plus large acception d'égale satisfaction des droits sociaux, les moyens de faire face à la règle de la concurrence et du marché, bien au-delà du réformisme bipartisan des années 1990.

À la lumière de l'article 3 du TUE, tel que modifié par le Traité de Lisbonne, qui dispose : « L'Union œuvre pour le développement durable de l'Europe fondé sur une croissance économique équilibrée et sur la stabilité des prix, une économie sociale de marché hautement compétitive, qui tend au plein emploi et au progrès social, et un niveau élevé de protection et d'amélioration de la qualité de l'environnement », l'article 36 de la Charte des droits fondamentaux de l'Union européenne pourrait faire l'objet d'une interprétation différente.

On attire notamment l'attention sur l'expression *plein emploi*, contenue dans le Traité de Lisbonne, qui semble sous-entendre un rôle actif de l'État dans la définition des objectifs sociaux dans le cadre de l'élaboration des politiques publiques.

En substance, la règle de la concurrence n'aurait pas de valeur absolue car elle est limitée par la réalisation d'objectifs sociaux et par le respect des valeurs fondamentales de l'Union, telles que le développement harmonieux, équilibré et durable des activités économiques, la solidarité, le plein emploi, la protection de l'environnement, la protection de la santé.

Les services d'intérêt économique général ne seraient pas soumis à la règle de la concurrence et du marché libre chaque fois qu'ils ne seraient pas en mesure de poursuivre les valeurs fondamentales de l'Union et de promouvoir la cohésion économique, sociale et territoriale. On est en présence de mesures incommensurables : d'une part, la règle de la concurrence, fondée sur des logiques propriétaires ; d'autre part, des principes fondamentaux liés à la dimension sociale de l'État. Dans cette optique, il semble difficile d'accepter l'équilibre *ordolibéral* entre ordre politique et ordre économique. La cohésion sociale devrait être davantage considérée comme un principe-limite au marché et à la règle de la concurrence, que comme un contrepoids ; davantage comme un principe inspirant les politiques publiques, que comme un instrument financier. Une catégorie qui doit se rapporter à la dimension du *commun* pour ne pas reproduire le modèle social rhénan.

L'État limiterait la règle de la concurrence chaque fois que son absence est source d'injustices sociales, telles qu'une forte réduction du niveau d'emploi, ce qui pourrait nuire au mécanisme de fonctionnement même du marché de référence, voire à son existence. Dans ce sens, la prétendue neutralité étatique disparaît, représentée par les Ordolibéraux (D.J. Gerber, 1998), parmi les responsables du réformisme, et qui a eu comme principale victime précisément la *fantaisie concrète* de Weimar.

Le processus d'intégration européenne, jusqu'à présent, s'est déroulé sur un plan technocratique et politique qui a dévalorisé les institutions classiques du droit public au profit d'un recours de plus en plus fréquent à l'instrumentation du droit privé. Au contraire, je considère que ce processus ne peut pas faire abstraction des institutions classiques du droit public, bien qu'évidemment dans une perspective européenne, de nature à réévaluer et à valoriser les principes fondateurs du modèle social européen dans une vision *commune et partagée.* Il faut définir les intérêts généraux européens, qui posent, par exemple, les prémisses d'une réglementation spéciale des services publics essentiels, dérogeant à la règle de la concurrence ou, là où c'est possible, en dehors de la règle de la concurrence. On ne peut imaginer un processus d'intégration européenne dans lequel l'espace juridique soit dominé par des modèles *lobbyistes* et néo-féodaux, et dans lequel les instruments contractuels deviennent la principale source juridique.

Reconstruire le droit public, même dans une perspective européenne, signifie conférer au Parlement européen la tâche effective de détermination des principes et de l'orientation politique visant à atteindre des intérêts publics européens.

La reconquête de l'espace public de sphères juridiques, inopinément *occupées par le marché*, devra être la condition préalable à la construction d'un modèle européen capable de garantir les libertés à tous et dans des conditions égales. L'émergence de l'État de droit en Europe, à travers le processus lent mais progressif de démocratisation des institutions, s'accompagne de la nécessité d'affirmer dans l'espace juridique européen les principes politiques de l'État social.

Le modèle publiciste dans une dimension européenne doit donc être renforcé et valorisé ; la reconnaissance, par ailleurs faible, des droits sociaux dans la Charte européenne des droits fondamentaux, et l'appel aux traditions communes des Constitutions européennes ne semblent pas suffisants. Il ne suffit pas de défendre les acquis de l'État social, réalisés par chaque pays, face à un panorama toujours croissant de sujets faibles et exploités, auxquels sont niés les droits fondamentaux les plus élémentaires. Le principe d'égalité substantielle doit être affirmé et garanti dans l'espace juridique européen, et à cet égard, il faut *fonder* des politiques publiques sur des principes de justice sociale capables de faire face et de réagir aux modèles privatistes et néo-contractualistes de gestion de la chose publique et des *biens communs*.

10. L'équilibre budgétaire : la règle dite du « fiscal compact »

Jamais comme avec l'approbation très rapide et silencieuse de la loi constitutionnelle modifiant l'article 81 de la Constitution, la représentation politique n'a montré autant sa distance par rapport aux représentés. En effet, constitutionnaliser l'équilibre budgétaire équivaut à limiter les décisions de dépenses du Parlement et du gouvernement, mais aussi des autonomies locales, en particulier des communes. Les droits sociaux et civils des citoyens ne pourront pas être garantis : le fonctionnement de l'école, des hôpitaux, de la justice, de la sécurité est subordonné à la contrainte de l'équilibre. Dans la Constitution italienne, avant la modification de l'article 81 de la Constitution, le but ultime de l'ordre juridique était la personne, et donc l'État social instrumental à cette fin et distinctif d'une société dans laquelle l'égalité formelle était accompagnée de l'égalité substantielle. Ce principe a été l'élément véritablement caractéristique de la démocratie italienne après la guerre, un principe à considérer parmi les principes *suprêmes* que la Cour constitutionnelle a soustrait à la fonction de révision constitutionnelle ainsi qu'à la primauté du droit communautaire sur l'ordre juridique interne. Si l'on modifie ce principe, on modifie le système constitutionnel : on exerce le pouvoir constituant qui, cependant, appartient au peuple et non au Parlement. C'est ce qui s'est produit avec la modification constitutionnelle et, encore avant cela, avec la subordination des politiques économiques aux principes communautaires par le biais de la législation ordinaire.

L'introduction de l'équilibre budgétaire introduit un principe en conflit avec la Constitution italienne, et il est faux de prétendre que le droit communautaire l'impose aux États membres. Une fois de plus, il est donc clair que l'on doit recourir à des modèles de démocratie alternative par rapport à une démocratie de la représentation qui s'exprime, de plus en plus fréquemment, par des actes violents et autoritaires, mettant en œuvre une orientation politique exprimée par les marchés financiers, la BCE et le Fonds monétaire international.

Il convient de préciser tout de suite que, une fois de plus, après l'*escroquerie* du décret Ronchi sur la privatisation de l'eau, le droit communautaire est utilisé pour approuver des actes au contenu subversif. En effet, il est absolument faux que le droit communautaire impose aux États de modifier leurs Constitutions en introduisant l'équilibre budgétaire. Le préambule du Traité du 2 mars 2012, signé par tous les États membres à l'exception du Royaume-Uni et de la République tchèque, sur la coordination et la gouvernance dans l'Union économique et monétaire, n'impose pas de modifications constitutionnelles, mais un contrôle anormal du respect de l'équilibre budgétaire confié à la Cour de justice, c'est-à-dire l'organe qui représente la plus haute expression de la technocratie et le plus grand détachement de tout circuit décisionnel démocratique. Mais au-delà de la gravité d'avoir utilisé de manière inappropriée et instrumentale l'institution de la révision constitutionnelle, il faut se rappeler que la garantie des droits fondamentaux, y compris bien entendu les droits sociaux, constitue un principe fondamental de la Constitution italienne et représente un cas classique de limitation de la primauté et/ou de l'ingérence du droit communautaire dans le droit interne. Par conséquent, en cas de contradiction entre le droit communautaire et le droit interne, les principes constitutionnels prévalent, et le gouvernement italien aurait pu et dû immédiatement privilégier la défense de la Constitution aux règles *subversives* imposées par les marchés financiers. Le respect des identités nationales, et donc de l'État social, tel que défini dans la Constitution italienne, est largement réaffirmé dans l'article 4, paragraphe 2, du Traité sur l'Union européenne. Par conséquent, la défense de l'État social représente une hypothèse de limitation de l'exercice du pouvoir de révision constitutionnelle. L'équilibre budgétaire introduit un principe en conflit avec la première partie de la Constitution, en particulier avec l'article 2, dans la mesure où l'obligation d'équilibre peut entraîner une violation de droits définis comme *inviolables* ; mais aussi avec l'article 3, dans la mesure où, pour la même raison, le principe d'égalité substantielle énoncé dans le deuxième alinéa est violé, ce qui caractérise la forme d'État social italienne et constitue avant tout l'élément fondateur des politiques sociales et l'effectivité de la démocratie substantielle. Comme on le sait, les contraintes communautaires, avant la réforme constitutionnelle actuelle, avaient conduit l'État italien à adopter un pacte de stabilité interne : cela entraîne une forte compression de la capacité des autonomies locales à assumer les fonctions qui leur sont confiées par la Constitution (art. 118 Cst.), et qui prévoit qu'elles soient entièrement financées par les ressources indiquées dans le même texte de l'article 119 de la Constitution. Cela a notamment entraîné une violation du principe d'autonomie des collectivités locales, tel qu'il est énoncé à l'article 5 de la Constitution, repris également par l'article 114 de la Constitution. Ce dernier a renforcé ce principe, en particulier en ce qui concerne les collectivités locales, en prévoyant directement dans la Constitution le fondement de leurs statuts, pouvoirs et fonctions. La loi constitutionnelle modifiant l'article 81, accueillant avec les *ambiguïtés typiques de l'Italie* les contraintes communautaires imposées aux États, modifie également l'article 119 de la Constitution, où le paragraphe 1 est remplacé comme suit : « Les communes, les provinces, les villes métropolitaines et les régions ont une autonomie financière en matière de recettes et de dépenses, dans le respect de l'équilibre de leur budget, et concourent à assurer le respect des contraintes économiques et financières découlant de l'ordre juridique de l'Union européenne ». En substance, le pacte de stabilité interne est *constitutionnalisé*, mais cette opération ne résout pas les problèmes de constitutionnalité, car la loi constitutionnelle elle-même est interdite de violer les principes constitutionnels, en l'occurrence le principe d'autonomie.

Conclusions

En conclusion, en ce qui concerne le processus européen d'intégration, la reconstruction du droit public, à partir de la mise en œuvre des principes constitutionnels, signifie :

1. configurer un modèle d'organisation publique non seulement avec une fonction de régulation externe aux processus économiques, mais également capable de gérer l'activité productive, de remplir des fonctions à fort impact social et d'impliquer la citoyenneté active ;

2. prévoir des interventions publiques directes, dérogeant à la règle de la concurrence, en considérant le principe de la cohésion économique et sociale comme un objectif et non comme un simple instrument de mise en œuvre des politiques publiques, en l'interprétant comme un véritable principe constitutionnel, ayant une valeur contraignante plutôt que simplement programmatique ;

3. imposer que le paradigme de la cohésion économique et sociale ne soit plus constitué uniquement par le binôme liberté-solidarité, mais soit mis en œuvre à travers les valeurs contenues dans le principe d'égalité substantielle et de justice sociale, avec l'adoption de politiques spécifiques de péréquation dans des secteurs à fort impact économique et social ;

4. prévoir, sur la base d'une législation étatique de référence attentive, équitable (notamment en ce qui concerne la répartition des ressources financières sur le territoire) et organique, un rôle efficace des communes et des groupements de communes, dans la gestion des services publics locaux essentiels, ainsi que de tous les services qui ne sont pas naturellement orientés vers le marché ;

5. réaffirmer les principes constitutionnels de l'autonomie de l'administration par rapport aux partis et aux courants partisans, et la volonté qu'elle soit au service de la poursuite de l'intérêt général et non des représentants politiques, en recourant à des institutions telles que le *spoil system*, jugées illégitimes par la Cour constitutionnelle (le mécanisme du *spoil system*, d'origine anglo-saxonne, est en contradiction avec les articles 97 et 98 de la Constitution, qui établissent les principes directeurs de la fonction publique, à savoir l'impartialité et le bon fonctionnement, comme l'a affirmé la Cour constitutionnelle dans son arrêt n° 103 du 23 mars 2007 et dans son arrêt n° 161 de 2008) ;

6. examiner avec prudence les modèles de *Welfare Mix*, *Welfare Society* ou de prétendue subsidiarité horizontale, qui ont inspiré les réformes des collectivités locales au cours des dernières années, affaiblissant les institutions publiques au profit d'intérêts fragmentés et *égoïstes* présents dans la société ;

7. renforcer les modèles de *Welfare* municipal, en considérant que la protection effective des droits fondamentaux de la personne, et plus largement des droits dits conditionnés par l'octroi de ressources financières, ne peut être garantie uniquement au sein d'un système local qui entraînerait la fragmentation de la protection des droits ;

8. *lutter* pour une loi qui établisse les principes de coordination des finances publiques, garantissant, en tout cas,

conformément à l'article 119, paragraphe 4 de la Constitution, le financement intégral des fonctions attribuées aux communes, ainsi que la protection des niveaux essentiels des droits sociaux.

Tout cela nécessite cependant d'un *changement de cap* résolu, un fort sens de l'État, qui trouve son fondement naturel dans les principes constitutionnels, dans ces principes qui doivent continuer à conserver leur caractère prescriptif-normatif.

Tout cela exige une *culture des réformes* qui signifie avant tout mettre en œuvre et rendre effectifs tous les principes constitutionnels qui ne sont pas encore appliqués, ou pire encore, qui sont comprimés et relativisés par l'adoption de règles ou de modèles néo-contractuels.

Tout cela exige cependant un cri de fierté et un sentiment de rédemption de la part de ces juristes qui continuent à adhérer aux principes fondateurs du Pacte constituant ; dans ce processus culturel qui attribuait au droit public le rôle le plus élevé et noble pour la coexistence civile et sociale, et pour la survie des générations futures. Un droit public qui, comme on a tenté de le démontrer, doit aller au-delà de la mystification de la souveraineté populaire et de la démocratie représentative, en s'ouvrant sans hypocrisie à la démocratie participative et directe ; qui ait le courage et la force de sortir du monopole de la catégorie de la propriété, en accueillant l'émergence de la nouvelle et révolutionnaire catégorie des *biens communs*, à partir de laquelle il sera possible de créer de nouveaux modèles de démocratie.

Références bibliographiques

Introduction

R. Bifulco, M. Cartabia, A. Celotto (a cura di), 2001, *L'Europa dei diritti. Commento alla Carta dei diritti fondamentali dell'Unione europea*, Bologna.

N. Bobbio, 1995, *Stato, governo, società. Frammenti di un dizionario politico*, Torino.

A. Catania, 2005, *Effettività e modelli di diritto*, in A. Catania, *Dimensioni dell'effettività. Tra teoria generale e politica del diritto*, Milano.

W. Cesarini Sforza, 1963, *Il diritto dei privati*, Milano.

M. Hardt, A. Negri, 2010, *Comune. Oltre il privato e il pubblico*, Milano.

A. Lucarelli, 2006, *Principi costituzionali europei, politiche pubbliche, dimensioni dell'effettività. Per un diritto pubblico europeo dell'economia*, in A. Lucarelli (a cura di), *Politiche pubbliche, regolazione e mercato*, in «Rass. dir. pubbl. eur.», V, 1.

F. Merusi, 2002, *Le leggi del mercato. Innovazione comunitaria e autarchia nazionale*, Bologna.

S. Romano, 1969, *Discorso inaugurale dell'anno accademico 1909-1910 nel- la Regia Università di Pisa* (1910), in «Rivista di diritto pubblico», 87, ora in Id., *Lo Stato moderno e la sua crisi. Saggi di diritto costituzionale*, Milano.

U. Scarpelli, 1997, *Cos'è il positivismo giuridico* (1965), a cura e con introduzione di A. Catania e M. Jori, Napoli.

C. Schmitt, 1984, *Dottrina della Costituzione* (1928), a cura di A. Caracciolo, Milano.
C. Schmitt, 1996, *Le categorie del politico. Saggi di teoria politica*, Bologna.
G. Zagrebelsky, 1997, *Il diritto mite. Leggi diritti giustizia*, Torino.
I. *Les trois dimensions du droit public*
N. Bobbio, 1970, *Marx, Engels e le teorie dello Stato*, in «Prassi e teoria», I, 3, ora in Id., 1997, *Né con Marx, né contro Marx*, Roma.
N. Bobbio, 1978, *Libertà*, in *Enciclopedia del Novecento*, vol. III, Roma.
N. Bobbio, 2007, *Verso una teoria funzionalistica del diritto.* Inedito, scritto per gli *Studi in memoria di A. Gioja*, ora in N. Bobbio, *Dalla struttura alla funzione. Nuovi studi di teoria del diritto*, Roma-Bari.
G. Burdeau, 1977, *Democrazia*, in *Enciclopedia del Novecento*, vol. II, Roma.
S. Cassese, 2003, *Lo spazio giuridico globale*, Roma-Bari.
L. Duguit, 1913, *Les transformations du droit public*, Paris.
L. Duguit, 1911, *Le droit social, le droit individuel et la transformation de l'État*, Paris.
L. Ferrajoli, 2005, *Effettività primaria ed effettività secondaria. Prospettive per un costituzionalismo globale*, in A. Catania (a cura di), *Dimensioni dell'effettività. Tra teoria generale e politica del diritto*, Milano.
M. Fioravanti, 1979, *Giuristi e Costituzione politica nell'Ottocento tedesco*, Milano.
M. Fioravanti, 1983, *Otto Mayer e la scienza del diritto amministrativo*, in « Riv. trim. dir. pubbl. », XXXIII.
M. Fioravanti, 1984, *Storia costituzionale, storia amministrativa e storia della scienza giuridica*, in « Quaderni fiorentini », XIII.
E. Forsthoff, 1973, *Stato di diritto in trasformazione* (1964), a cura di C. Amirante, trad. it. L. Riegert e C. Amirante, Milano.
C.F. von Gerber, 1971, *Diritto pubblico*, a cura di P.L. Lucchini, Milano.
P. Grossi, 2009, *L'Europa del diritto*, IV ed., Roma-Bari.

M. Hardt, A. Negri, 2010, *Comune. Oltre il privato e il pubblico*, Milano.

I.Kant, 1995, *Stato di diritto e società civile*, a cura di N. Merker, Roma.

H. Kelsen, 1966, *I fondamenti della democrazia*, Bologna.

P. Laband, 1907, *Deutsches Reichsstaatsrecht*, Tübingen.

M. La Torre, 2000, *Un giurista nel crepuscolo di Weimar. Politica e diritto nell'opera di Hermann Heller*, in « Quaderni fiorentini », XXIX.

S. Lieto, D. Mone, 2010, *Il reddito di cittadinanza. Per un contributo sull'effettività dei diritti sociali*, Napoli.

D. Mone, 2010, *Qualità normativa tra tecnocrazia ed effettività della democrazia rappresentativa*, Napoli.

M. Nigro, 1973, *Il « segreto » di Gerber*, in « Quaderni fiorentini », II.

L. Rossi, 1896, *La moderna scienza del diritto costituzionale nelle nazioni latine*, in « Arch. dir. pubbl. ».

R. Treves, 1957, *La dottrina dello Stato in Herman Heller*, in « Riv. trim. dir. pubbl. », 1.

II. Les processus de transformation du droit public

AA.VV., 1989, *Gli hegeliani di Napoli e la costruzione dello Stato unitario*, Roma.

F. Barbagallo, 1999, *Da Crispi a Giolitti. Lo Stato, la politica, i conflitti sociali*, in G. Sabbatucci e V. Vidotto (a cura di), *Storia d'Italia*, 3, *Liberalismo e democrazia*, Roma-Bari.

U. Beck, 1986, *Risikogesellschaft. Auf dem Weg in eine andere Moderne*, Frankfurt a.M.

N. Bobbio, 1977, *Politica e cultura*, Torino.

N. Bobbio, 2002, *Prefazione* a L. Ferrajoli, *Diritto e ragione. Teoria del garantismo penale*, Roma-Bari.

A. Bollani, 2011, *Contratti collettivi separati e accesso ai diritti sindacali nel prisma degli accordi Fiat del 2010*, WP C.S.D.L.E. "Massimo D'Antona". IT – 124/2011, in www.lex.unict.it.

J.M. Buchanan, 1985, *The Reason of Rules: Constitutional Political Economy*, Cambridge.

J.M. Buchanan, 1989, *La prospettiva di Public choice*, in Id., *Stato, mercato e libertà*, Bologna.
J.M. Buchanan, G. Tullock, 1998, *Il calcolo del consenso* (1965), Bologna.
S. Cassese, 1987, *Lo Stato, « stupenda creazione del diritto » e « vero princi- pio di vita », nei primi anni della rivista di diritto pubblico (1909-1911)*, in « Quaderni fiorentini », XVI.
G.M. Chiodi, 1992, *Profili dello statalismo di Silvio Spaventa. Un'introdu- zione*, in S. Ricci (a cura di), *Silvio Spaventa e il diritto pubblico europeo*, Atti del Convegno di Napoli, 11-12 novembre 1988.
F. Covino, 2008, *La perequazione finanziaria nella Costituzione*, Napoli.
C. Crouch, 2004, *Postdemocrazia*, Roma-Bari.
L. Einaudi, 1962, *Prediche inutili*, in *Opere*, vol. II, Torino.
L. Ferrajoli, 2002, *Diritto e ragione. Teoria del garantismo penale*, Roma- Bari.
F. Ferrarotti, 1993, *Premessa* a M. Weber, *Parlamento e governo. Per la critica politica della burocrazia e del sistema dei partiti*, Roma-Bari.
M. Fioravanti, 1979, *Giuristi e Costituzione politica nell'Ottocento tedesco*, Milano.
M.S. Giannini, 1993, *Diritto pubblico dell'economia*, Bologna.
P. Giarda, 2004, *Federalismo fiscale*, in *Enciclopedia del Novecento*, III Supplemento, in www.treccani.it.
A. Giddens, 2000, *The Third Way and Its Critics*, Cambridge.
A. Gorz, 1991, *Capitalisme, socialisme, écologie : désorientations, orientations*, Paris.
P. Grossi, 1990, *Assolutismo giuridico e proprietà collettive*, in « Quaderni fiorentini », XIX.
P. Grossi, 1998, *Assolutismo giuridico e diritto privato*, Milano.
P. Grossi, 2006, *Santi Romano : un messaggio da ripensare nella odierna crisi delle fonti*, in Id., *Società, diritto, Stato. Un recupero per il diritto*, Milano.

P. Grossi, 2009, *La legalità costituzionale nella storia del diritto moderno*, Discorso per la cerimonia di chiusura, a.a. 2008-2009, in www.lincei.it.
P. Grossi, 2010, *L'Europa del diritto: le radici, l'evoluzione*, in www.comparazionedirittocivile.it.
J. Habermas, 1980, *Cultura e critica*, Torino.
J. Habermas, 2002, *L'inclusione dell'altro. Studi di teoria politica*, Milano.
M. Hardt, A. Negri, 2010, *Comune. Oltre il privato e il pubblico*, Milano.
C. Iannello, 2006, *L'ambigua trasposizione della nozione di regolazione dall'ordinamento statunitense a quello italiano*, in « Rass. dir. pubbl. eur. », V, 1.
R. von Jhering, 1935, *La lotta per il diritto* (1874), Bari.
F. Lanchester, 2004, *Pensare lo Stato. I giuspubblicisti nell'Italia unitaria*, Roma-Bari.
A. La Spina, G. Maione, 2000, *Lo Stato regolatore*, Bologna.
A. Lucarelli, 1997, *Modelli liberali alla Costituente nel pensiero di Vittorio Emanuele Orlando: la conciliabilità tra Rechsstaat e forma di governo parlamentare*, in V. Atripaldi (a cura di), *Costituente e Costituzione (1946- 1948)*, num. monografico di « Diritto e Cultura », 1-2.
A. Lucarelli, 2006, *Principi costituzionali europei, politiche pubbliche, dimensioni dell'effettività. Per un diritto pubblico europeo dell'economia*, in Id., *Politiche pubbliche regolazione e mercato*, in « Rass. dir. pubbl. eur. », V, 1.
A. Lucarelli, 2009a, *Decreto rifiuti, un "Déja vu" autoritario*, in A. Lucarelli e A. Pierobon (a cura di), *Governo e gestione dei rifiuti*, Napoli.
A. Lucarelli, 2009b, *Il modello sociale ed economico europeo*, in A. Lucarelli e A. Patroni Griffi (a cura di), *Dal Trattato costituzionale al Trattato di Lisbona. Nuovi studi sulla Costituzione europea*, Napoli.

A. Lucarelli, 2010a, *La Corte costituzionale dinanzi al magma dei servizi pubblici locali: linee fondative per un diritto pubblico europeo dell'economia*, in « Giur. cost. », 6.

A. Lucarelli, 2010b, *I modelli di gestione dei servizi pubblici locali dopo il decreto Ronchi. Verso un governo pubblico partecipato dei beni comuni*, in « Analisi giuridica dell'economia », 1.

A. Lucarelli, 2010c, *Perché un diritto pubblico europeo dell'economia*, in « Rass. dir. pubbl. eur. », IX, 1.

A. Lucarelli, 2011a, *La mancanza di univocità e chiarezza del quesito n. 2: la necessaria armonizzazione tra una disciplina generale dell'affidamento della gestione del servizio idrico integrato e quella di settore*, in « Giur. cost. », 1.

A. Lucarelli, 2011b, *Primissime considerazioni a margine degli artt. 4 e 5 del decreto legge n. 138 del 13 agosto 2011 e relativo impatto sui servizi pubblici locali*, in www.rivistaic.it, n. 3.

A. Lucarelli, 2011c, *Riconfigurazione del concetto di « rilevanza economica ». Spunti di riflessione sulla natura « economica » del servizio idrico integrato in assenza dell'elemento della remunerazione del capitale investito*, in « Giur. cost. », 1.

A. Lucarelli, 2011d, *Il servizio idrico integrato in una prospettiva di ridimensionamento della regola della concorrenza*, in « Giur. cost. », 1.

A. Lucarelli, 2011e, *I servizi pubblici locali verso il diritto pubblico europeo dell'economia*, in « Giur. cost. », 1.

M. Manetti, 1997, *Autorità indipendenti (dir. cost.)*, in *Enciclopedia giuridica Treccani*, vol. IV, Roma.

B. Manin, 2010, *Principi del governo rappresentativo. Dalla democrazia dei partiti alla democrazia del pubblico*, Bologna.

G. Marcou, 2006, *Esiste una nozione giuridica di regolazione?*, in « Rass. dir. pubbl. eur. », V, 1.

G. Marcou, F. Moderne, 2006, *Droit de la régulation. Service public et intégration régionale*, 2 voll., Paris.

A. Massera, 1989, *Santi Romano tra "diritto pubblico" e "ordinamento giuridico". A proposito di Santi Romano, "Il diritto pubblico italiano"*, in « Quaderni fiorentini », XVIII.

U. Mattei, E. Reviglio, S. Rodotà (a cura di), 2010, *I beni pubblici. Dal governo democratico dell'economia alla riforma del codice civile*, Roma.

R. Mayntz, 1991, *Amministrazione, scienza della* (voce), in *Enciclopedia delle Scienze sociali*, vol. I, in www.treccani.it.

F. Merloni, 2007, *Lo spoil system è inapplicabile alla dirigenza professionale: dalla Corte nuovi passi nella giusta direzione. Commento alle sentenze n. 103 e 104 del 2007*, in « Le Regioni », XXXV, 5.

R. Michels, 1966, *La sociologia del partito politico nella democrazia moderna*, a cura di J.J. Linz, Bologna.

R. Michels, 1980, *Antologia di scritti sociologici*, a cura di G. Sivini, Bologna.

R. Michels, 1989, *Potere e oligarchie. Antologia 1900-1910*, a cura di E.A. Albertoni, Milano.

R. Michels, 1991, *Socialismo e fascismo (1925-1934)*, a cura di G. Panella, Milano.

D. Mone, 2011, *La dirigenza pubblica nell'ordinamento italiano attraverso il difficile rapporto tra politica e amministrazione*, in « Dir. e proc. amministrativo », 2.

G. Mosca, 1982, *Elementi di scienza politica* (1896), in G. Sola (a cura di), *Scritti politici*, Torino.

G. Napolitano, 2009, *Analisi economica del diritto pubblico*, Bologna.

F. Neumann, 1973, *Lo Stato democratico e lo Stato autoritario* (1957), Bologna.

V.E. Orlando, 1940, *I criteri tecnici per la ricostruzione giuridica del diritto pubblico* (1889), in Id., *Diritto pubblico generale. Scritti varii (1881- 1940) coordinati in sistema*, Milano.

F. Rimoli, 2005, *Universalizzazione dei diritti fondamentali e globalismo giuridico: qualche considerazione critica*, in www.rivistaaic.it.

S. Romano, 1900, *La teoria dei diritti pubblici soggettivi*, in *Primo trattato di diritto amministrativo italiano*, a cura di V.E. Orlando, Milano.

S. Romano, 1969a, *Discorso inaugurale dell'anno accademico 1909-1910 nella Regia Università di Pisa* (1910), in « Rivista di

diritto pubblico », 87, ora in Id., *Lo Stato moderno e la sua crisi. Saggi di diritto costituzionale*, Milano.
S. Romano, 1969b, *Lo Stato moderno e la sua crisi. Saggi di diritto costituzionale*, Milano.
D. Zolo, 2002, *Teoria e critica dello Stato di diritto*, in P. Costa e D. Zolo (a cura di), *Lo Stato di diritto. Storia, teoria, critica*, Milano.

III. Effectivité et ineffectivité du droit public social

R. Alexi, 1997, *Concetto e validità del diritto* (1992), Torino.
N. Bobbio, 1975, *Teoria e ideologia nella dottrina di Santi Romano*, in « Amministrare », 4.
N. Bobbio, 1995, *Stato, governo, società. Frammenti di un dizionario politico*, Torino.
N. Bobbio, 2007, *Verso una teoria funzionalistica del diritto.* Inedito, scritto per gli *Studi in memoria di A. Gioja*, ora in N. Bobbio, *Dalla struttura alla funzione. Nuovi studi di teoria del diritto*, Roma-Bari.
A. Burgio, 2006, *Per un lessico critico del contrattualismo moderno*, Napoli.
F.P. Casavola, 2006, *Dal diritto romano al diritto europeo*, Napoli.
C. Crouch, 2003, *Postdemocrazia*, Roma-Bari.
R.M. Dworkin, 1977, *The Philosophy of Law*, Oxford.
M. Fioravanti, 1979, *Giuristi e Costituzione politica nell'Ottocento tedesco*, Milano.
M. Fioravanti, 1983, *Otto Mayer e la scienza del diritto amministrativo*, in « Riv. trim. dir. pubbl. », XXXIII.
M. Fioravanti, 2006, *Costituzione e legge fondamentale*, in « Diritto pubblico », 2.
A. Føllesdal, 2000, *Subsidiarity and Deliberation*, in E.O. Eriksen e J.E. Fossum (a cura di), *Democracy in the European Union*, London.
M.S. Giannini, 1993, *Diritto pubblico dell'economia*, Bologna.
A. Gorz, 1992, *Capitalismo, socialismo, ecologia. Orientamenti, disorientamenti*, Roma.

P. Grossi, 2009, *L'Europa del diritto*, Roma-Bari.
S. Holmes, C.R. Sunstein, 2000, *Il costo dei diritti*, Bologna.
B. de Jouvenel, 1971, *La sovranità* (1955), a cura di E. Sciacca, Milano.
F. Lordon, 2010, *Razionalizzare la finanza a partire dal caso greco*, in « Le Monde Diplomatique », maggio.
A. Lucarelli, 2000, *Teorie del presidenzialismo. Fondamento e modelli*, Padova.
A. Lucarelli, 2004, *L'effettività del principio di eguaglianza e diritti sociali nei processi evolutivi della forma di Stato*, in « Il Filangieri », 1.
A. Lucarelli, 2006, *Principi costituzionali europei, politiche pubbliche, dimensioni dell'effettività. Per un diritto pubblico europeo dell'economia*, in « Rass. dir. pubbl. eur. », V, 1.
F. Lucarelli, 1970, *Solidarietà e autonomia privata*, Napoli.
F. Lucarelli, 1974, *La proprietà pianificata*, Napoli.
U. Mattei, E. Reviglio, S. Rodotà (a cura di), 2010, *I beni pubblici. Dal governo democratico dell'economia alla riforma del codice civile*, Roma.
L. Nivarra, 2008, *Ipotesi sul diritto privato e i suoi anni Settanta*, in Id. (a cura di), *Gli anni Settanta del diritto privato*, Milano.
G.A. Ritter, 1996, *Storia dello Stato sociale* (1991), Roma-Bari.

IV. Formes et catégories pour un nouveau modèle de démocratie. Biens communs et démocratie participative

L. Antonini, 2000, *Il principio di sussidiarietà orizzontale: da Welfare State a Welfare Society*, in « Riv. dir. fin. sc. fin. », 1.
A. Arienzo, 2005, *La governance e il conflitto politico: quali dispositivi per una democrazia in crisi?*, in A. Arienzo e D. Caruso (a cura di), *Conflitti*, Napoli.
M. Arsì, 2003, *I beni pubblici*, in *Trattato di diritto amministrativo. Diritto amministrativo speciale*, t. 2, Milano.
K. Bayertz, 2002, *Il concetto e il problema della solidarietà*, in K. Bayertz e M. Baurmann, *L'interesse e il dono. Questioni di solidarietà*, a cura di P. Portinaro, Torino.

R. Bifulco, 2002, *La responsabilità giuridica verso le generazioni future tra autonomia dalla morale e diritto naturale laico*, in « Teoria del diritto e dello Stato », 3.
R. Bifulco, 2008, *Diritto e generazioni future*, Milano.
G. Bravo, 2002, *Né tragedia, né commedia: la teoria dei « commons » e la sfida della complessità*, in « Rassegna italiana di sociologia », XLIII, 4.
M. Calise, 2000, *Tra governo e governance: la Costituzione nelle democrazie contemporanee*, in L. Ornaghi (a cura di), *La nuova età delle Costituzioni*, Bologna.
L. Capogrossi Colognesi, 1988, *Proprietà in generale a) Diritto Romano*, in *Enciclopedia del diritto*, vol. XXXVII, Milano.
U. Cerroni, 1960, *Sulla storicità della distinzione tra diritto positivo e diritto pubblico*, in « Riv. int. fil. dir. ».
V. Cerulli Irelli, 1987, *Beni pubblici*, in *Digesto delle discipline pubblicistiche*, vol. II, Torino.
V. Crisafulli, 1985, *Stato, popolo, governo. Illusioni e delusioni costituzionali*, Milano.
L. Ferrajoli, 1997, *La sovranità nel mondo moderno. Nascita e crisi dello Stato nazionale*, Roma-Bari.
M.R. Ferrarese, 2006, *Diritto sconfinato. Inventiva giuridica e spazi nel mondo globale*, Roma-Bari.
M.S. Giannini, 1993, *Diritto pubblico dell'economia*, Bologna.
P. Grossi, 1977, *Un altro modo di possedere*, Milano.
J. Habermas, 1980, *Cultura e critica* (1973), a cura di N. Paoli, Torino.
R.M. Hare, 1987, *Freedom and Reason*, Oxford.
H.L.A. Hart, 1958, *Positivism and the Separation of Law and Morals*, in « Harvard Law Review », I, ora in Id., 1964, *Contributo all'analisi del diritto*, a cura di V. Frosini, Milano.
B. de Jouvenel, 1971, *La sovranità* (1955), a cura di E. Sciacca, Milano.
C. Laval, 2007, *L'homme économique. Essai sur les racines du néolibéralisme*, Paris.
P. Levy, 2008, *Cyberdemocrazia*, Milano.

S. Lieto, 2011a, « *Beni comuni* », *diritti fondamentali e Stato sociale. La Corte di Cassazione oltre la prospettiva della proprietà codicistica*, in « Pol. dir. », XLII, 2.

S. Lieto, 2011b, *Il diritto di partecipazione tra autorità e libertà*, Napoli.

S. Lieto, 2011c, *La partecipazione dei lavoratori ai processi decisionali. Il difficile processo di democratizzazione per un'impresa al plurale*, in « Democrazia e diritto », 1-2.

A. Lucarelli, 2003a, *Diritti sociali e principi "costituzionali" europei*, in A. Lucarelli e A. Patroni Griffi (a cura di), *Studi sulla Costituzione europea. Idee e percorsi*, Napoli.

A. Lucarelli, 2003b, *La partecipazione al procedimento amministrativo tra democrazia e disordine sociale*, in « Pol. dir. », XXXIV, 1.

A. Lucarelli, 2004, *L'effettività del principio di eguaglianza e diritti sociali nei processi evolutivi della forma di Stato*, in « Il Filangieri », 1.

A. Lucarelli, 2006, *Art. 43 Cost.*, in R. Bifulco, A. Celotto e M. Olivetti (a cura di), *Commentario alla Costituzione*, I, Torino.

A. Lucarelli (a cura di), 2007a, *Beni comuni. Proprietà, gestione, diritti*, in « Rass. dir. pubbl. eur. », VI, 2.

A. Lucarelli, 2007b, *Note minime per una teoria giuridica dei beni comuni*, in « Quale Stato », 3-4.

A. Lucarelli, 2010, *Proprietà pubblica, principi costituzionali e tutela dei diritti fondamentali. Il progetto di riforma del codice civile : un'occasione perduta?*, in U. Mattei, E. Reviglio e S. Rodotà (a cura di), *I beni pubblici. Dal governo democratico dell'economia alla riforma del codice civile*, Roma.

P. Maddalena, 2011, *I beni comuni nel codice civile, nella tradizione romanistica e nella Costituzione della Repubblica italiana*, in « federalismi. it », 5.

D. Mone, 2012, *I servizi pubblici essenziali alla fruizione dei beni comuni tra diritto comunitario e Costituzione*, in A. Lucarelli e R. Mastroianni (a cura di), *I servizi di interesse economico generale*, « Rass. dir. pubbl. eur. », 1.

L. Ornaghi (a cura di), 1984, *Il concetto di "interesse"*, Milano.

E. Ostrom, 1990, *Governing the Commons: The Evolution of Institutions for Collective Action*, Cambridge; trad. it. *Governare i beni collettivi*, Venezia 2006.
E. Ostrom, R. Gardner, R. Walker, 1994, *Rules, Games e Common Pool Resources*, Ann Arbor.
V. Ostrom, E. Ostrom, 1977, *Public Goods and Public Choices*, in E.S. Savas (a cura di), *Alternatives for Delivering Public Services: Towards Improved Performance*, Boulder.
V.E. Parsi, 1998, *Interesse nazionale e globalizzazione. I regimi democratici nelle trasformazioni del sistema post-westfaliano*, Milano.
A. Pino, 1948, *Contributo alla teoria giuridica dei beni*, in « Riv. dir. proc. civ. », 1.
Platone, 1995, *Repubblica o sulla Giustizia*, V Libro, a cura di M. Vitali, Milano.
P. Portinaro, 2002, *Introduzione* a K. Bayertz e M. Baurmann, *L'interesse e il dono. Questioni di solidarietà*, a cura di P. Portinaro, Torino.
S. Pugliatti, 1959, *Beni (Teoria generale)*, in *Enciclopedia del diritto*, vol. V, Milano.
S. Pugliatti, 1962, *Cosa (Teoria generale)*, in *Enciclopedia del diritto*, vol. XI, Milano.
P. Rescigno, 1965, *L'abuso del diritto*, in « Riv. dir. civ. », 1.
J.J. Rousseau, 2001, *Du contrat social ou principes du droit politique* (1762), IV Libro, cap. I, Milano.
A.M. Sandulli, 1959, *Beni pubblici*, in *Enciclopedia del diritto*, vol. V, Milano.
U. Scarpelli, 1997, *Cos'è il positivismo giuridico* (1965), Napoli.

V. Le droit public européen de l'économie

A. Adinolfi, 2008, *Il principio di legalità nel diritto comunitario*, in « Diritto comunitario e degli scambi internazionali », 1.
A. Arena, 2010, *The Doctrine of Union Preemption in the EU Single Market: Between Sein and Sollen*, in « Jean Monnet Working Papers », 3.

G. Azzariti, 2002, *La Carta dei diritti fondamentali dell'Unione europea nel "processo costituente europeo"*, in « Rass. dir. pubbl. eur. », I, 1-2.
F. Balaguer Callejón, 2009, *Il Trattato di Lisbona sul lettino dell'analista. Riflessioni su statualità e dimensione costituzionale dell'Unione europea*, in A. Lucarelli e A. Patroni Griffi (a cura di), *Dal Trattato costituzionale al Trattato di Lisbona. Nuovi studi sulla Costituzione europea*, Napoli.
R. Baratta, 2008, *Le principali novità del Trattato di Lisbona*, in « Il diritto dell'Unione europea », 1.
F. Baron, 1988, *Marché intérieur et droit social dans l'Union européenne*, Paris.
C. Bazzacchi, 2005, *Dalla coesione all'eguaglianza sostanziale. Il percorso comunitario*, Milano.
R. Bellamy, D. Castiglione, 2000, *The Uses of Democracy. Reflections on the European Democratic Deficit*, in E.O. Eriksen e J.E. Fossum (a cura di), *Democracy in the European Union*, London-New York.
A.F. Bentley, 1908, *The Process of Government*, Chicago.
R. Bifulco, M. Cartabia, A. Celotto (a cura di), 2001, *L'Europa dei diritti. Commento alla Carta dei diritti fondamentali dell'Unione europea*, Bologna.
A. von Bogdandy, 1999, *Supranationaler Foederalismus als Wirklichkeit und Idee einer neuen Herrschaftsform: Zur Gestalt der Europaeischen Union nach Amsterdam*, Baden-Baden.
G. Bronzini, 2008, *Il modello sociale europeo*, in F. Bassani e G. Tiberi (a cura di), *Le nuove istituzioni europee. Commentario al nuovo Trattato europeo*, Bologna.
L. Campiglio, F. Timpano, 2001, *La dimensione economica della coesione sociale: lavoro, famiglia e Welfare State*, in A. Quadrio Curzio (a cura di), *Profili della Costituzione economica europea*, Bologna.
L. Carlassare, 1966, *Regolamenti dell'esecutivo e principio di legalità*, Padova.
M. Cartabia, 1995, *Principi inviolabili e integrazione europea*, Milano.

A. Celotto, 2002, *Legittimità costituzionale e legittimità comunitaria (prime considerazioni sul controllo di costituzionalità in Italia come sistema "misto")*, in « Rass. dir. pubbl. eur. », I, 1-2.

E. Cheli, 1967, *Potere regolamentare e struttura costituzionale*, Milano.

V. Crisafulli, 1959, *Ancora in tema di eguaglianza*, in « Giur. cost. », 4-5.

O. De Schutter, 2003, *La garanzia dei diritti e principi sociali nella "Carta dei diritti fondamentali"*, in G. Zagrebelsky (a cura di), *Diritti e Costituzione nell'Unione europea*, Roma-Bari.

M. Dogliani, 1994, *Introduzione al diritto costituzionale*, Bologna.

L. Duguit, 1913, *Les transformations du droit public*, Paris.

S. Fois, 1962, *La riserva di legge. Lineamenti storici e problemi attuali*, Milano.

S. Fois, 1999, *Analisi delle problematiche fondamentali dello "Stato sociale"*, in « Diritto e Società », 2.

A. Føllesdal, 2000, *Subsidiarity and Deliberation*, in E.O. Eriksen e J.E. Fossum (a cura di), *Democracy in the European Union*, London.

D.J. Gerber, 1998, *Law and Competition in the Twentieth Century Europe*, Oxford.

S. Giubboni, 2003, *Diritti sociali e mercato*, Bologna.

D. Grimm, 1996, *Una Costituzione per l'Europa?*, in G. Zagrebelsky, P. Portinaro e J. Luther (a cura di), *Il futuro della Costituzione*, Torino.

G. Gurvitch, 1949, *La dichiarazione dei diritti sociali*, Milano.

M. Hauriou, 1967, *Teoria dell'istituzione e della fondazione* (1933), a cura di W. Cesarini Sforza, Milano.

C. Iannello, 2002, *I pubblici servizi nel panorama della privatizzazione. La qualificazione dell'utente fra consumatore-cliente e cittadino*, in « Rass. dir. pubbl. eur. », I, 1-2.

A. Lucarelli, 1995, *Potere regolamentare. Il regolamento indipendente tra modelli istituzionali e sistema delle fonti nell'evoluzione della dottrina pubblicistica*, Padova.

A. Lucarelli, 2001, *Art. 36. Accesso ai servizi d'interesse economico generale*, in R. Bifulco, M. Cartabia e A. Celotto (a cura di), *L'Europa dei diritti*, Bologna.

A. Lucarelli, 2003a, *Diritti sociali e principi costituzionali europei*, in A. Lucarelli e A. Patroni Griffi (a cura di), *Studi sulla Costituzione europea*, Napoli.

A. Lucarelli, 2003b, *La partecipazione al procedimento amministrativo tra democrazia e disordine sociale*, in « Pol. dir. », XXXIV, 1.

A. Lucarelli, 2006a, *Editoriale. Principi costituzionali europei, politiche pubbliche, dimensioni dell'effettività. Per un diritto pubblico europeo dell'economia*, in « Rass. dir. pubbl. eur. », V, 1.

A. Lucarelli, 2006b, *Oltre le privatizzazioni. Qualità delle politiche pubbliche e servizi pubblici essenziali*, in *Politiche sociali europee. Idee e percorsi*, in « Rass. dir. pubbl. eur. », V, 2.

A. Lucarelli (a cura di), 2007, *Beni comuni. Proprietà, gestione, diritti*, in « Rass. dir. pubbl. eur. », VI, 2.

A. Lucarelli (a cura di), 2009, *Il diritto pubblico tra crisi e ricostruzione*, Napoli.

A. Lucarelli, 2010, *La Corte costituzionale dinanzi al magma dei servizi pubblici locali: linee fondative per un diritto pubblico dell'economia*, in « Giur. cost. », 6.

A. Lucarelli, 2011, *I servizi pubblici locali verso il diritto pubblico europeo dell'economia*, in « Giur. cost. », 1.

R.D. Luce, H. Raiffa, 1957, *Games and Decision*, New York.

M. Luciani, 2000, *Diritti sociali e integrazione europea*, in « Pol. dir. », XXXI, 3.

G. Marcou, 2009, *Politiche di liberalizzazione ed espansione del diritto pubblico*, in A. Lucarelli (a cura di), *Il diritto pubblico tra crisi e ricostruzione*, Napoli.

R. Mastroianni, A. Arena, 2010, *I servizi pubblici nel GATS e nel TFUE: una radicale divergenza di impostazione?*, in « Diritto del commercio internazionale », XXIV, 1.

U. Mattei, 2009, *Ballando sul ponte del Titanic. Cronaca di una catastrofe annunciata*, in A. Lucarelli (a cura di), *Il diritto pubblico tra crisi e ricostruzione*, Napoli.

M. Mazziotti, 1966, *Diritti sociali*, in *Enciclopedia del diritto*, vol. XII, Milano.
R. Nozick, 2000, *Anarchia, Stato e utopia* (1974), Milano.
J. Ofner, 1894, *Studien sozialer Jurisprudenz*, Wien.
L. Paladin, 1965, *Eguaglianza (dir. cost.)*, in *Enciclopedia del diritto*, vol. XIV, Milano.
J. Rawls, 1999, *Una teoria della giustizia* (1971), Milano.
G.A. Ritter, 1996, *Storia dello Stato sociale*, Roma-Bari.
M. Rodríguez Molinero, 1995, *The Principle of Subsidiarity and European Union*, in M. Troper e M.M. Karlsson (a cura di), *Law, Justice and the State*, II, Stuttgart.
P. Rosanvallon, 2008, *La légitimité démocratique. Imparzialité, Réflexivité, Proximité*, Paris.
A.M. Sandulli, 1970, *L'attività normativa della pubblica amministrazione*, Napoli.
F.W. Scharpf, 1999, *Governare l'Europa. Legittimità democratica ed efficacia delle politiche nell'Unione europea*, Bologna.
T.C. Schelling, 1971, *Che cos'è la teoria dei giochi*, in J.C. Charlesworth (a cura di), *Teorie e metodi in scienza politica*, Bologna.
F. Sorrentino, 2007, *Lezioni sul principio di legalità*, Torino.
J.E. Stiglitz, 2000, *La globalizzazione e i suoi oppositori*, Torino.
A. Tizzano, 1995, *La tutela dei privati nei confronti degli Stati membri dell'Unione europea*, in « Foro italiano », IV.
D. Truman, 1951, *The Governmental Process*, New York.
M. Weber, 1992, *Parlamento e governo. Per la critica politica della burocrazia e del sistema dei partiti* (1919), a cura di F. Fusillo, Roma-Bari.
H.F. Zacher, 1987, *Das Soziale Staatsziel*, in J. Isensee e P. Kirchof (a cura di), *Handbuch des Staatsrechts der Bundesrepublik Deutschland*, I, Heidelberg.
J. Ziller, 2007, *Il nuovo Trattato europeo*, Bologna.

Table des matières

Structures éditoriales du groupe L'Harmattan

L'Harmattan Italie
Via degli Artisti, 15
10124 Torino
harmattan.italia@gmail.com

L'Harmattan Hongrie
Kossuth l. u. 14-16.
1053 Budapest
harmattan@harmattan.hu

L'Harmattan Sénégal
10 VDN en face Mermoz
BP 45034 Dakar-Fann
senharmattan@gmail.com

L'Harmattan Cameroun
TSINGA/FECAFOOT
BP 11486 Yaoundé
inkoukam@gmail.com

L'Harmattan Burkina Faso
Achille Somé – tengnule@hotmail.fr

L'Harmattan Guinée
Almamya, rue KA 028 OKB Agency
BP 3470 Conakry
harmattanguinee@yahoo.fr

L'Harmattan RDC
185, avenue Nyangwe
Commune de Lingwala – Kinshasa
matangilamusadila@yahoo.fr

L'Harmattan Congo
219, avenue Nelson Mandela
BP 2874 Brazzaville
harmattan.congo@yahoo.fr

L'Harmattan Mali
ACI 2000 - Immeuble Mgr Jean Marie Cisse
Bureau 10
BP 145 Bamako-Mali
mali@harmattan.fr

L'Harmattan Togo
Djidjole – Lomé
Maison Amela
face EPP BATOME
ddamela@aol.com

L'Harmattan Côte d'Ivoire
Résidence Karl – Cité des Arts
Abidjan-Cocody
03 BP 1588 Abidjan
espace_harmattan.ci@hotmail.fr

Nos librairies en France

Librairie internationale
16, rue des Écoles
75005 Paris
librairie.internationale@harmattan.fr
01 40 46 79 11
www.librairieharmattan.com

Librairie des savoirs
21, rue des Écoles
75005 Paris
librairie.sh@harmattan.fr
01 46 34 13 71
www.librairieharmattansh.com

Librairie Le Lucernaire
53, rue Notre-Dame-des-Champs
75006 Paris
librairie@lucernaire.fr
01 42 22 67 13

www.ingramcontent.com/pod-product-compliance
Lightning Source LLC
LaVergne TN
LVHW021210061026
849535LV00008B/2661
* 9 7 8 2 3 3 6 4 3 9 6 5 5 *